Reihe Reiseliteratur Band 1

Vera Hewener

Von Lorraine nach Aquitaine
Reisenotizen in Lyrik und Prosa

Edition Calamus

Über das Buch
Die schönsten Gedichte über die Landschaften Frankreichs aus dem literarischen Werk der Lyrikerin Vera Hewener. Sie entstanden während oder nach den jeweiligen Aufenthalten zwischen 1996 bis 2016. Einige Gedichte wurden mit internationalen Literaturpreisen ausgezeichnet, wie z.B. "Reise nach Aquitanien" und "Atlantischer Sommer" mit dem 2. Preis beim Internationalen Literaturwettbewerb "Omaggio ad Alessandro Manzoni" des Centro Europeo di Cultura in Rom (I) im April 1999 oder "Der Vogelkundler" beim 14. Internationalen Literaturwettbewerb des CEPAL, Europäisches Zentrums für die Förderung von Kunst und Literatur in Thionville (F) im September 2013 mit dem Prix Goethe als bestes Gedicht in der Kategorie Allemand - Recueil/Werk.

Pressesplitter:
„Vera Heweners Gedichte scheinen in ein beständiges Flimmern gebettet. Um Wind, Licht, Farben sind sie zentriert, Wasserflecken spielen auf Sandbildern, Lichtküsse, nebelfeuchtes Federgras." SZ, 19.08.2005
„Jedes Wort schillert und ruft ein Bild hervor. Flirrend sind ihre Impressionen: Meerjungfrauen, die im Tang Schönheitsschlaf halten, Vogelfedern, die von Freiheit künden..."
Saarbrücker Zeitung 07.11.2011.

Über die Autorin
Vera Hewener, geboren 1955 in Saarwellingen, Dipl.-Sozialarbeiterin, veröffentlicht seit 1985 u.a. in Deutschland, Frankreich und der Schweiz, Einzelübersetzungen ins Französische und Ungarische. Vera Hewener erhielt für ihr Werk mehrere internationale Auszeichnungen und Literaturpreise u.a. „Superpremio Cultura Lombarda" vom Centro Europeo di Cultura Rom (I) 2001, den „Grand Prix Européen de Poésie" von CEPAL Thionville (F) 2005, zuletzt Trophäe Mörike 2015.

Reihe Reiseliteratur Band 1

Vera Hewener

Von Lorraine nach Aquitaine
Reisenotizen in Lyrik und Prosa

Edition Calamus

Die Deutsche Bibliothek verzeichnet diese Publikation in der Deutschen Nationalbibliografie; detaillierte bibliografische Daten sind im Internet unter www.http://dnb.dnb.de abrufbar.

© BoD - Books on Demand GmbH. Alle Rechte vorbehalten. Das Werk, einschließlich seiner Teile, ist urheberrechtlich geschützt. Jede Verwertung ist ohne Zustimmung des Verlages und des Autors unzulässig. Dies gilt insbesondere für die elektronische oder sonstige Vervielfältigung, Übersetzung, Verbreitung und öffentliche Zugänglichmachung.
© Für die Texte: Alle Rechte beim Verfasser. Vera Hewener

Umschlaggestaltung:
Künzer Kommunikation Homburg

Kartenbilder Wikimedia Commons

Herstellung und Verlag:
BoD - Books on Demand
In de Tarpen 42
D- 22848 Norderstedt
Printed in Germany
1. Auflage 2016

ISBN 9783741210860
9,99 €

ALSACE-CHAMPAGNE-ARDENNE-LORRAINE

Elsass-Champagne-Ardennen-Lothringen

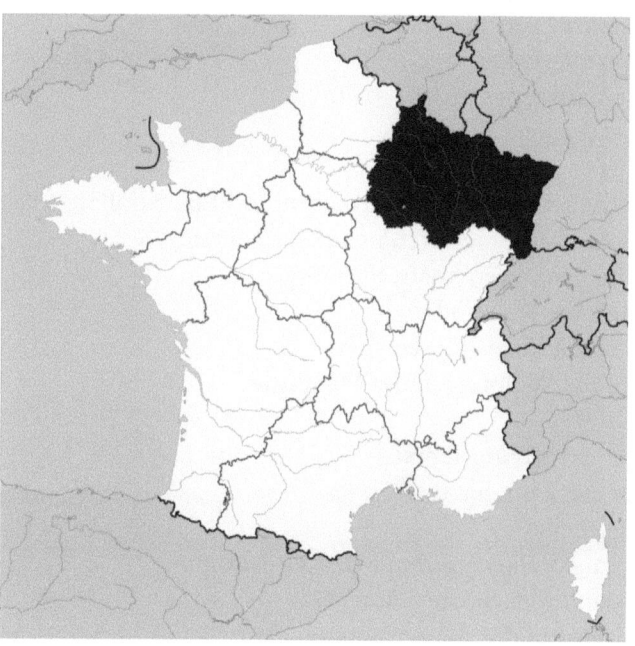

Alsace-Champagne-Ardenne-Lorraine ist seit dem 1. Januar 2016 die neue französische Region, die aus dem Gebiet der vorherigen Regionen Elsass (Alsace), Champagne-Ardenne und Lothringen (Lorraine) entstand.

Mai 2011

Auf der Rue Nationale

1
Aus den Feldern heraus
im Auf und Ab der Täler und Höhen
wächst Lothringens Landschaft:
Spireagezweig
Tamariskengefieder
Goldregendolden

zwischen Butterblumenwiesen und Landstraßen
zieht Ginstergebüsch neue Grenzlinien
rote Traktoren knattern
über die Kalkböden
Krähenflügel stürzen sich
auf die Wölbungen der Heuernte

mit dem Wind fährst
du die Täler hinab
sag nichts
wenn Wolkenstreifen Schatten werfen
wenn du nach oben kommst
kämmt er die Weizenborsten glatt

2
Nahe Chigy im Blütenduft der Akazien
hüpfen Vogelvölker auf einem Viadukt

sie flogen von den Rotbuchen ab
die den Zugang zum Friedhof bewachen
längst sind die Steine abgetragen
die manche Gräben dort ummauerten

unweit der Zufahrt hinter Zäunen aus Draht
klettern Heckenrosen an Häuserwänden
recken Schwertlilien ihre Lanzen
für die Dörfer im Dornröschenschlaf

3
Hoch droben über den Ackerflächen
treiben Windräder Strom ein
lausche nicht dem Rauschen der Luftwirbel
du hörst nicht das Kinderlachen
nicht die Geräusche von Spielzeugautos

der Weg führt immerzu geradeaus
umsäumt von Rotklee und Rapsblüte
Birken schlagen ihr Laub zusammen
Silberstaub blättert ab

in ihm glitzern noch vergangene Küsse
die einmal feucht waren
und rot wie Mohn

Mai 2016

Im Niedtal

Blattknospenflaum
grünt an Verästelungen
Kätzchenkorken baumeln

rötliches Schimmern
der Rinden in den Zweigen
Käfer krallen

Rapsfeldergold
rüttelt am Asphaltgrau
Blütenkörbchen taumeln

stürmischer Wind schüttelt
die Wölkchen blau
Äcker wallen

im Apfelblütenschaum
droht die Vogelscheuche
Traktoren fahren

Würmer schleichen
in Furchenspuren
Rabenheerscharen

Mai 2014

Unterwegs auf der D 984

Zwischen Ackerflächen leuchten
gelbe Rispenblüten
hörst du das Zittern zarter Gespinste
heller Gesang den der Frühlingswind dirigiert

im Vorbeifahren wechselt lila Flieder
mit Goldregen die Farbe
schwarzweißgefleckte Kühe
kauern genüsslich im Gras
endlos dehnt sich das Land in die Ferne
umsäumt vom vielfarbigen Grün
der Laubbäume

am Lac du Der warten am Sandufer
die Söhne Frankreichs auf den Trainingspfiff
Angler halten am Steg Fangruten in den See
aufgebrachte Vögel fliegen Kampfjets davon

während die Straße die Ziffern wechselt
rennt zwischen Ceffonds und Louze
ein Rudel Rehe der Zeit davon

Mai 2015

Maitag am Lac du Der

Enten schnattern Frösche quaken
unterm Sumpfgras
es schallt in den blauen Himmel
in die Sonne die den Vormittag
mit Wärme überschüttet

junges Laubgrün leuchtet auf
roter noch feuern Blutbuchen
ihre Blattteller an
schnarrende Vogelrufe
auszuwerfen

Badende hocken im Sand
werfen Kieselsteine in den See
zählen die Kreise des Untergangs

Rauchschwalben halten Familienkonferenzen ab
Schwäne plustern ihr weißes Gefieder
um dem Paartanz Glanz zu verleihen

nur die Krähen krakeelen
lauten Protest in den Wind
dass die Zauberei des Frühlings
im Sommer enden wird

Mai 2015

Frühlingsfest

Zwischen Huflattich und Löwenzahn
leuchtet mit voller Glut Frühlingssonne
auf blühende Wiesen

verwandelt biegen sich
die Gespinste der Schirmflieger
hoffen auf Wind
um ihre Härchen in die Weite zu tragen

in Montier en Der spitzen die Türme
des Schlösschens ihre Ziegel
für die bevorstehende Feier
Kandelaber putzen ihre Laternen blank

ein Karussell probt die Rundfahrt
mit weißen Elefanten
ein weißer Pudel
rennt seinem Frauchen davon

Mai 2014

Brienne-le-Chateau

Getreidefelder dehnen sich bis zum Horizont
vom Sprühregen der Bewässerung vernebelt
werden Saatfurchen zu Geisterpfädchen
auf denen Sprösslinge hüpfen und flüstern

im Regionalen Naturpark Forêt d'Orient
unterbrechen aufgeforstete Birkenreihen
den dichten Überhang der Eichen

die Landstraße führt geradewegs
in die Stadt Napoleons
im Spalier der Holzfabriken und Getreidesilos
thront hinter Eisengittern auf dem Hügel
die einstige Militärschule des Feldherrn

Geschichtstafeln erzählen von
Herkunft und Werdegang
Eroberung und Verhängnis

längst dient das verwunschene Schlösschen
kranken Seelen als Heilstätte

zwischen Vergangenheit und Gegenwart
klingt das Trillern der Pfeifen
wie Zuchtpeitschen

Mai 2015

Karfreitag in der Champagne-Ardenne

Auf dem Hügel wacht Napoleons Militärschule
in Brienne-le-Chateau pflastern Kanonen den Weg

die Straße führt vorbei an Getreidefabriken
entlang hoher Silos die Mehlstaub verlieren
an die Wolkenwand welche den Sonnenstand
verdunkelt und die Aussicht

in Louze fegt rotköpfiges Federvieh
mit langen grünen Schwanzfedern den Asphalt
Fahrgäste bestaunen den Wandervogel
der den Reiseverkehr am Karfreitag
zum Stillstand zwingt

beim Verlassen des Ortes wechseln
Sonnenflecken mit Schattenfetzen
über den Kronen der Platanen
die mit Blattknospen überhäuft
auf Erlösung warten

hocherhoben wacht in Villeneuve au Chemin
auf der Sankt Joseph Kirche die Muttergottes
sie segnet das weite Land mit geöffneten Armen

Birken im blassgrauen Blätterflaum
bilden ein Spalier österlicher Standarten
Krähen posaunen Kreischgesänge zum Himmel

Juni 2009

Frühling in Burgund

In diesem Farbenrausch
aus dem die Blüte der Rapsfelder
ihr süßes Aroma gewann
schwankt gelb betäubt hochroter Mohn
auf Weizenähren und Gräserpfriemen
tropft aus dem Viadukt frühes Taulicht

jenseits des Rotbuchensaums der Landstraßen
unter dem Kabeltwist der Oberleitungen
durchpflügt der TGV Burgund
hypnotisiert mit seinem Blinken
Birkeninseln Ahornhaine

Laubtunnel öffnen die Zufahrt
zu Dörfern aus mittelalterlichem Bestand
Turm bewacht Brücken beschützt
wallen Geranienkaskaden aus Tontöpfen
wildern Rosenbüsche vor den Portalen
der Landhäuser

Wasserfontänen sprudeln aus Brunnenschalen
verrieseln sich in der Höhe
perlen ab in den Beckengrund

Hin und wieder
wirft jemand eine Münze ins Licht

Île-de-France – Pays de la Loire

Die Île-de-France ist eine Region in Nordfrankreich und besteht aus der Stadt Paris und den Départements Essonne, Hauts-de-Seine, Seine-et-Marne, Seine-Saint-Dens, Val-d'Oise, Val-de Marne und Yveline.

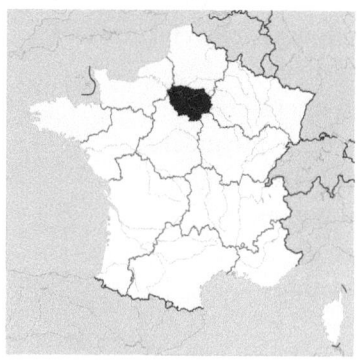

Die Pays de la Loire (Länder der Loire) sind eine an der Mündung der Loire gelegene Region im Westen Frankreichs. Sie besteht aus den Départements Loire-Atlantique, Maine-et-Loire,. Mayenne, Sarthe und Vendée

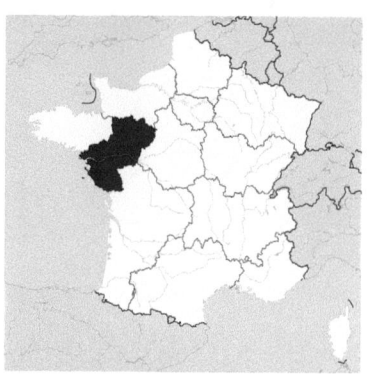

Paris 7. April 2001

Marché aux Puces

Die rasante Luft des Sonnabends
streut ihr Gefieder über die Märkte.
Die Karossen der nach vorn Bewegten
dünsten ihr Pech und Schwefel aus.

Händler fliegen unermüdlich
um ihre Waren und verhandeln.
Den Augen der Geschäftigkeit
kein Staubkorn entgeht.
Ruhelos werden sie
hin und her geweht.

Der Flohmarkt in Paris quillt über,
singt das Lied der Ungeduld,
schreit, lacht und hofft zu finden
und in den Händen zu halten
diesen Tag, der wie ein
vollgeschriebenes Blatt
tintenschwer blutet.

Gare du Nord

Antik ergraut des Bahnhofs Exterieur,
der Eurostar startet im modernen Interieur.

Reisende mit Disziplin, Heimkehrer,
Rucksack bepackt,
Verschwitzte und fein Gepuderte,
Liebende und Hoffende.

Vögel fliegen im All der Schienen
und lautlosen Gleitens,
im Korridor der Zeit,
mit Helfern bestückt,
orange flimmernde Westen,
freundliches Personal,
nicht immer dreisprachig,
aber durchaus europäisch gesinnt

Schilder mit Namen, mit Kennwörtern,
versteckt Bettelnde, Suchende
auf dem schmalen Grat der Erwartung.

Ein Bistro wie ein Wartesaal
und Café noir, ohne Milch mit Zucker.

Boulevard Ornano

Menschengetümmel zwischen
den Ständen auf den Trottoirs,
und parkende Autos, die Straßen beengen.
Ein energischer Verkehrspolizist versucht
unermüdlich, Staus aufzulösen.

Im Vorbeifahren träumt
auf dem Hügel Sacré-Coeur.
Ein Quartier wie ein Bienennest,
fleißig und aufgewühlt,
hungrig und durstig,
Milch und Honig suchend.

Farbiges Straßenbild
mit arabischen Zeichen,
maghrebinischem Tuch
und afrikanischer Folklore.
Aus allen Poren strömt Welt.

Schweiß von Metropolis
perlt über den Asphalt,
verbindet die Seiten,
die in all ihren Verzweigungen
immer wieder zusammen fließen.

Sonne über Paris 1995

Auf den Boulevards

Wie der Sonntag, der seine Würde über alles legt,
was ihm näher kommt, in der Morgenandacht der Straßen,
die seltsam still sind und leichte Luft das Fromme wiegt,
in der Rue la Fayette, wo jeder Schritt nach Leben klingt
und Neugier weckt, die meinen Augen Unruhe verleiht,
der Blick auf Sacré-Coeur, auf das Dach der Kuppel,
deren Weiß durch Seitengassen flimmert im Häusergrau
und meinen Lippen Worte entlockt und Schweigen,
wie das Tanzen des Laubs, das sein Grün im Lichtrausch
    gewann,
sind Minuten wie Bruchstücke, zusammengefügte Splitter
der Boulevards, die den Mittag erwarten und Menschen,
die nach Sonnenplätzen haschen und dem Augenblick,
der die Leidenschaft an die Tische der Straßenlokale trägt.

Bois de Boulogne

In jenem Sonnenton, der aus Wolken Hitze saugt
und über den Bois de Boulogne streut, im tiefen Grün der
Cité,
wo die Rose das Herz der Umarmung liebkost,
unter dem Himmel, der sein Königsblau in La Bagatelle verlor,
auf den Bänken, von Vogelpaaren besungen,
schwirrt ein Licht, warm und scheu,
als wollte es die Schönheit beschützen
vor dem Schleiertanz, den manche vor sich selbst aufführen.
In dieses weite, längst entrückte Strahlen
ergibt sich mein Blut, errötet meine Haut,
dieser Aufschrei der Seele, die das Unberührbare in
   Händen hält
für diese Stunde, in der die Sehnsucht in den Höhen liest.

Erotischer Nachmittag

In jenen Höhen, in denen Licht sich verschleißt und erbleicht,
wo das Zittern auf den Lippen bebt und Zeit verschlingt,
auf dem Wendepunkt der Lust, die den Gemächern entfloh
und nun fruchtbare Böden küsst, umhaucht mich der Atem
deines Wimpernschlags, gelöst in der Liebe der Stadt,
deren Wände Süße verströmen an einem Nachmittag
in der Rue de Rivoli, nahe dem Herzstück der Seine,
deren Türkis den Staub der Eile fortspült
und Spaziergänger fesselt, die wie Ertrinkende
an Ständen suchen nach Gemälden,
gefangen von erotischen Farben,
gehalten vom Duft des Begehrens,
gebannt von der Pont Neuf,
dem Brückenschlag
zwischen Traum und Wirklichkeit.

23.02.2005

Paris en magie

Les lumières sur la Seine
dans la nuit hors d'haleine.
Le cours d'eau ceci gémit
et une étoile d'amour sourit.

Les bateaux sans bruit flotte
cette obscurité complot.
Là coeur-plongé dans cette beaux ville,
la vie connecte prudemment un fil.

Que Paris s'imagine,
quelqu'un de ceci s'incline
et la douceur jure la demande,
magie consacre bien le monde.

Paris im Zauber

Lichterglanz auf der Seine
spiegelt atemlose Nacht
seufzend perlt ihr Wasserlauf
zärtlicher Liebesstern lächelt

leise treiben Schiffe
im Komplott der Dunkelheit
herzversunken in der Stadt
Leben am seidenen Faden

was Paris sich erträumt
ist jemand der sich verneigt
vor der Süße die Begehren beschwört
wenn ihr Zauber die Welt weiht

10.03.2006

Le chant des villes

La tendresse de la ville
elle rougeoie dans les airs
sens d'haleine qui les cils
dispersant la lumière

nous revons à le soleil
résistant à la chaleur
si les rues appareillent
que tu saisis le cri du coeur

chant des lieux sur le tableau
le jour lucide fete le printemps
désir des yeux désir des mots
si la passion s'éternisant

Das Lied der Städte

Zärtlichkeit einer Stadt
glüht in Windes Fängen
Wimpern sanft versprengen
Lichtes Atemstatt

Sonnenflaum Traumes Feld
überströmt von Wärme
Glücksschrei süße Schwärme
paart die Straßenwelt

Tageslicht Frühlingsfest
Städte singen Bilder
Wort und Aug sehnt wilder
Ew'ges Liebesnest

Chateau Monhoudou 20.02.2005

Schlosspark

Seit Jahrhunderten Buchenwaldspalier
Schneeglöckchen umzittert
auf verwittertem Laubboden
Stammwurzeln

vergangenen Wegzeugen entsteigt
Hörnerklang
Gebell einer Fuchsjagd
Pferdehufenschläge

Fächer eines Pfaus federt
im Zeitwind über Brombeerranken
Krone und Königslilie versanken
in Schlosses Familienwappen

Ostwind

Sonne blitzt im Nebelschleier
über dem Schlossteich raunen Frostfontänen
steigen auf aus der Eishaut

grüne Pfauenaugen funkeln
im blauen Gefieder des Schlossvogels
den Weg aus Grassilber ablaufend

an starren Halmen zerren weiße Schwäne
löschen das Morgenkristall
an der Grenze des Zauns

Schafe unterm Baumbestand sich vereinzeln
im kalten Dunst des Ostwinds
wirrt die Mondscheibe

Schlossgeister

Den schlohweißen Hals zugeneigt
Schnabeltanz
Schwanenküsse am Schlossrand
Grünspan umzäumt
Feldweg gesäumt

Goldfunken im Himmelsgranat
quellen ins Tannengehölz
Grünbrand letzten Lichts

Schafe sich wohlig wärmen
zögern zwischen Wolkenrissen
hinaufblökend zum vollen Mond
im wilden Schrei Vögel schwärmen

Gewölk Geisterbeschwörung simuliert
Odem verströmend
aus neunzehn Generationen

Holztüren knarren
Fensterlädensparren
verdecken bröckelnden Putz

Spitztürme wachen
Monhoudous Lachen
jagt die Nachtschatten
der Dämm'rung

Chateau Monhoudou 10.09.2005

Gesellschaftszimmer

Weißblaue Hortensien
Kristallvasen Königslilien
blühen im Velours
eingesunkener Sitze

in rosé-blauem Brokat
dämmern Sprossenfenster
Tischchen mit marmornem Granit
vor Zeit rauchendem Kamin

am Spätnachmittag serviert
die Vicomtesse de Monhoudou
un petit café
faire conversation
avec l'aristocratie

Schlossgenerationen
steigen aus Wandportraits
im großen Salon
aufschlagend das livre d'or

im Apéritif
aus Gesellschaftszauber
suchen Schlossgäste
Lebenszeiten
nach Gemeinsamkeiten ab

Entrée

Links drehendes Türschloss
Entrée mit Jagdhörnern
Hirschgeweihen

Herrschaftsrufe schäppern
aus dem Zeitklopfer aus Metall
Namen vergangener Geschlechter
surren im Raum

geadelter Empfang
ein Bienvenue
im chambre pastourelle
mit Alkoven

Diner aux candélabres

Rotgetünchte Wände
Stillleben
herabhängende Vitrinentüren
zeitgebleichtes Edelholz
Tafel aus Nussbaum
gehüllt in Purpurseide

im Silberschein
kredenzt der Vicomte
das diner aux candélabres
vor dem Ahnenblick
blumiger Vorhänge
zeitverstreut

im Sorbet
wohltemperierter Stunden
perlt der Müßiggang

CENTRE-VAL DE LOIRE -- AQUITAINE-LIMOUSIN-POITOU-CHARENTES

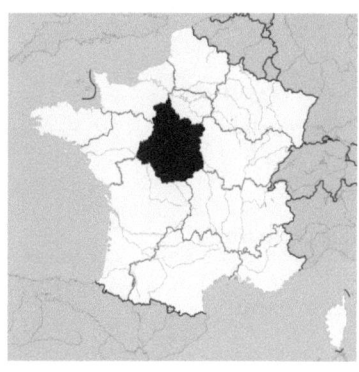

Centre-Val de Loire ist die Region in der Mitte Frankreichs und besteht aus den Départements Cher, Eure-et-Loir, Indre-et-Loire, Loir-et-Cher und Loiret.

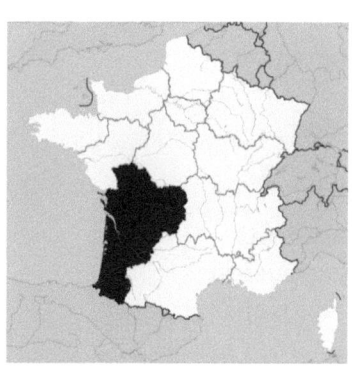

Aquitaine-Limousin-Poitou-Charentes die größte Region und besteht aus den Départements Charente, Charente-Maritime, Corrèze, Creuse, Deux-Sèvres, Dordogne, Gironde, Haute-Vienne, Landes, Lot-et-Garonne, Pyrénées-Atlantiques und Vendée. Sie grenzt an die Regionen Pays de la Loire, Centre-Val de Loire, Auvergne-Rhône-Alpes, Languedoc-Roussillon-Midi-Pyrénées und Spanien.

Juli 1998

Reise nach Aquitanien

In diesem Azorenhoch,
das der Blüte der Sonnenblumen
gelbe Konturen verlieh
und ihren Gesichtern den Kern erspross,
trauen sich Heidekraut und Lavendel
das Vereinzeln zu.

Zwischen Ölfeldern und Akazienhainen
markieren sie aufrecht
den sirrenden Asphalt der Autobahn,
wo auf entfernteren Arealen
weiße Rinder das Gras betrauern,
das sie im Austausch mit dem Sterben
auf Stoppelhöhe begrenzten,
nahe den ungemähten Wiesen,
die im Wildwuchs noch ersticken,
liegt das Leuchten
auf dem Spann des Frauenschuhs.

Während sich Rebstöcke
Täler aneignen und Hügel besetzen,
gibt die Loire historisches Gemäuer frei,
für das sich Durchreisende den Kopf verrenken.

Wenn die Dordogne
sich aus der Ferne schlingt und Städte wachsen,
nährt sich der Fensterausschnitt gegenständlich
mit Bildern aus Grau und Beton,
Bilder, die sich über die Garonne retten,

jene Bilder, die in Minuten Natur zersetzen
in einen Rückstau aus Vergangenheit.
Dort liegt Bordeaux mit seinem Hafen
und schwerem Geschütz der Häuser,
Bordeaux, das der Geschichte trotzte
und seinem Handel Zuflucht gewährt.

Erst später öffnet sich Aquitanien
zu einer Landschaft,
die natürlich wächst
und seine Gäste schützt,
uns, die wir einfallen
in den Frieden der Dörfer
und die Ruhe der Stunde.

22.3. 2012

Indre im Vorfrühling

Noch sind die Felder dünn begrünt
schwarze Erde quillt
Windräder pflügen Wolkenhaufen
Flügel verschwinden im Grau

in kahlen Platanen
zählt leere Nester der Märzwind
fegt über Blattknospen und Ackerland

Haselgehölz und Ginstergebüsch
drängen zur Blüte
zwischen schwarzem Geäst
schimmert Gelb und Weiß
ein Vogelschwarm kreist

Mai 2009

Indre im Erstfrühling

Endlos in die Ebenen gelehnt
braune Ackerflächen
grünende Kornfelder
Sonnengelb der Rapsblüten

Pappeln geben Blattknospen frei
Linden Ahorn treiben aus
Blütenweiß der Hainbuchen verbuscht

im leeren Geäst der Eichen Krähengeschrei
Mistelzweige füllen die Kronen der Ulmen
nähren sich an feuchtenden Gehölzen

in sicherer Entfernung bevölkern
Gehöfte die Landschaft

Birken und Erlen verstäuben Blütenpollen
Windräder wischen mir das Gelb von den Augen
tragen mich auf ihren Flügeln hinauf in Höhen
wo der Horizont sich im Blau verliert

Mai 2010

Indre im September

Krähen
immer wieder Krähen
Stoppelfelder Strünke
geneigte Häupter
verwelkter Sonnenblumen

Äcker
belagert von Heuballen
durchquert eine doppelte Allee

Windräder stehen still
antriebslos ragen die Flügel
in blaue Fernen

in Issoudun schalten
bepflanze Ampeln auf Grün
Fußgänger wechseln
von lila Petunien
zu gelben Chrysanthemen

noch regiert die Blumensprache
in der Ville Fleurie

Mai 2015

Die hängenden Holunderbüsche des Périgord

Ginsterwälle schluchten die Schnellstraße
blenden mit unwirklichem Gelb
Sonnentand fällt auf Reisende
auf der Fahrt durch den Naturpark Périgord-Limousin

vor Saint Junien versperren Steintafeln die Sicht
ragt Felsgestein schroff in die Höhe
als hätte das Zentralmassiv
seine stärksten Ausläufer verschickt

Holunderbüsche wachsen zwischen den Stufen
wie die Hängegewächse der Semiramis

unweit des Straßenrands begrenzen Baumalleen
die Auswüchse der Gebirgskette

auf den Ebenen grasen Schafherden
säubern ihr Fell im Licht der blauen Stunde

Mai 2015

Champagne Berrichonne

Windkrafträder stehen still
die Autobahn versinkt
zwischen den Hängen der Sträucher

auf dem Champs d'Amour balzen Krähen
Holunder steckt weiße Blütendolden
durch Laubzweige der Weiden
Mohnblumen nicken ihnen zu

Bauminseln von grünen Grannen
des Weizens umschlossen
lichtern ihr Gelbgrün in die Weite
bis eine Allee junger Eichen
die Sicht versperrt und den Blick
nach vorn ins Endlose zwingt

April 2012

Frühnebel in der Touraine

Sonne entzündet phlegräische Felder
auf nachtkalten Böden der Touraine
Krähen kreisen in der Nebellandschaft
über den Nestern im Kahlgeäst

Gelb entsonnt sich in Rapsblüten
teilt die von Asphaltfurchen durchzogene Fläche
in braune und grüne Streifen
die der Fahrtwind sich von der Weite reißt
wie die Szenen eines Trickfilms

vereinzelt plüschen zwischen Platanen
weißblühende Hecken verinseln sich
zu Horizonten die der Aussicht
Augenmaß und Halt verleihen

April 2012

April in der Brenne

Noch liegt die goldgelbe Landschaft
im Schatten der Windkrafträder
die zu Luftgesängen im Kreis tanzen

im Meer der Rapsblüten schwimmen
zeitauf zeitab
die Zeiger der Sonnenuhr
rücken vor in die Brenne
vergegenwärtigen lichtklar
die Stunde der Krähen

verknittert die Blätter vergangener Sommer
die der Herbstwind hinterließ
uns kann das Rascheln nicht schrecken
wir kennen die Strecken der Jahreszeiten

September 2009

Septembermorgen in der Brenne

Weithin gefurchte Äckerböden Maisfelder
im blauen Gewölk das den Lichtschleier hebt

am Horizont der Höfe
Dächer sich zu Straßen gruppieren
vor Getreidespeichern Silos
Kapellen simulieren
über der Autobahn
wirres Vibrieren

weiße Schwalben steigen auf
erfliegen im Naturpark der Brenne
Brücken über die Gräben des Asphalts

sie entschwinden je tiefer der Blick
ins Innere der Landschaft dringt

Mai 2010

Auf dem Weg nach Cognac

Von Pfosten zu Pfosten eilen Stromleitungen
werfen Schattengirlanden am späten Vormittag
auf die Rue Nationale

an den Straßenseiten wandert die Springprozession
der Rebstöcke erstes Weinlaub entblättert

bei Barbezieux bewachen linientreu auf Anhöhen
Birkenreihen den Straßenasphalt der zwischen
den Schutzwällen der Landschaft
endlos in die Ferne wächst
sich durch Ackerland und Wiesen schlägt
die sich von gelben Blütenständen übersät
im Fahrtwind wiegen

weiße Schafherden grasen,
weiden unter Baumkronen
nehmen Maß für die Mittagsruhe

Mai 2015

Land der tausend Teiche

Blaue Augen rollen über das Kornfeld
belichten am Aire des Mille Étangs
kreisenden Seeschwalben den Weg
durch den Naturpark der Brenne
der die Nachtschwere abschüttelt
wie Biber das Wasser

längst hat der Frühling Laubdächer geschlossen
verbirgt im verdichteten Blättergezweig
die Brut wieder bewohnter Vogelnester
in den Erlen stehen Nachtreiher still

Rinder weiden im Wildwuchs der Wiesen
kauen Sauerampfer und Gänseblümchen
ein Kalb saugt an der Mutterkuh
sinkt ermattet in den grünen Teppich
Wolkenschatten verdunkeln den Schlafplatz

Mai 2015

Poitou-Charente

Aufgerollt liegt die Heuernte abgemähter Wiesen
in Ballen auf den Feldern des Poitou Charentes
die Landstraße wird zur Bergbahn
vom Gipfel fallen Autos ins Tal
als hätten sie von einer Sprungschanze abgehoben

die Ausbaustrecke endet am Querlauf der Grene
die aus rostroten Erdhügeln quillt
und die Ebenen fruchtbar hält
landeinwärts wiegen Akazien
weiße Blütentrauben im Wind

erste Weinstöcke filtern das Licht
für den Aufgang der Rebenreihen
vereinzelt klettern schon Rosenblüten
an den Fassaden der Häuser
rufen den Sommer aus

Pappeln silbern am Horizont
Muttergottesblumen
verwandeln Grasflächen
in lila Landschaften

DÉPARTEMENT GIRONDE

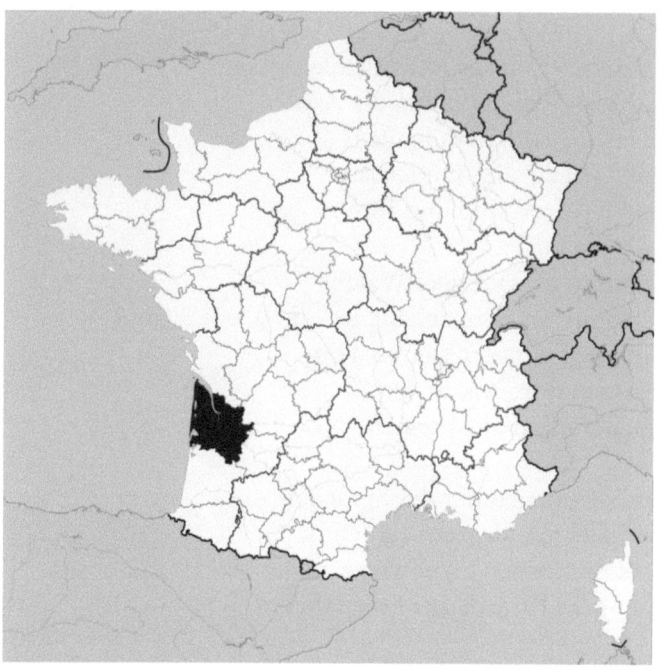

Das Département Gironde hat die Ordnungsnummer 33. Es liegt im Westen des Landes in der Region Aquitaine-Limousin-Poitou-Charentes und ist nach der Gironde benannt. Im Département Gironde fließen die Dordogne und die Garonne zusammen. Das Département grenzt im Westen an den Atlantischen Ozean. Die Atlantikküste ist geprägt durch die Trichtermündung der Gironde im Norden, die nur wenige Kilometer landeinwärts liegenden Seen von Hourtin-Carcans und Lacanau, die Bucht von Archachon im Süden, sowie die südlich vor deren Meeresöffnung liegende Wanderdüne von Pilat.

Sommer 1996

La Jenny

Zwischen Ginster und Kleinkoniferen
verlieren Pinien unentwegt Zapfen,
fallen auf Holzpfahlbauten,
jenen Chalets im Dünensand,
die Herberge sind und Burg.

Inmitten urwüchsiger Wälder
bewohnt ein Sonnenleuchten die Wasserklänge.
Entledigt der zivilisierten Töne
träumen dort Naturisten
in einem Bad aus Freiheit.

Im Nebeneinander der Sprachen
ruft leichten Herzens La Jenny
Ankommenden Grußworte zu.
Hier geht Europa auf Freiersfüßen.

Fahrradkolonnen und blaue Jeeps
bevölkern die Wege der Animation.
Früh erwachen schmale Verbindungen,
beleben den Alltag für Wochen.

Die Windgesänge am Atlantik
verheißen Wellengang und Strömung.
Täglich neu gesetzte Wimpel
ordnen die Badezonen für Stunden.

Strandwachen mahnen motorisiert
um Risikobegrenzung, halten Ausschau
nach dem Tiefgang der Fluten.

En vacance

1
Im Auguscht
mitten im Auguscht
wenn de Sunn
òm heißeschte brennt
pack eich mein Sachen
un faaren furt än paar Daa
in än ònna Lònd

trääm dò dòvòn
allem Geschwätz
aus em Weesch se geen
awa dò bin eich
schiif gewickelt

wohin eich ach kummen
iwarall heat me se
de Deitschen
de Preißen, Schwòòwen, Baian
un monchmoll aach de Sachsen

un trotzdem
eich faaren jeed Joa
imma widda lòhea
in mein frònsesich Frònkreich
wo Piniendouft
de Louft kläat
un Wellen
sich mònnshoch
in da Bròndung brechen

2
De Muschuln
hònn sich
noch nit vaänat
no da Flut
stronden se im Sònd

de großen sin seltena gin
un än Wal
iss dies Joa
nit vaend

de blauen Fòònen
stechen wie imma
de Stròndwachen ab
rot hònn se bis jetzt
nit geflaggt

it is nua bedingt gefealich
meischtens
wenn mòjens
Jaachtfleja de Horizont
zoudreenen
un de Bròndung
droot met

3
Foa alles zehn Franc
un boule fraise
Coca moyen
cent grammes moules pètits
zwei Baquettes
än Spill Streetfighter
nua de pommes frites
dii koschten quatorce

4
Da Puul is härrlich
un lea
mittachs
wenn jeda
sein eijenes Sippchin kocht
un jeda Laut
in da Sunn vahallt

5
Farn
Ginschta
Himbearònken
Gewächse wi iwarall
wearen dò nit
Sònddinen
di weiß
durch Pinien schimman
un mia mein Auen tränen
geblend von so vill Licht
em Schatten

21.7.98

Atlantischer Sommer, spielerisch leicht

Auf der Sonnenspur
torkelt der Zeiger des Jahrs,
grün und blumig die Wiesen
und Röcke, Wanderstöcke
kommen gerändert daher,
gereist in einem Wald
aus Pinien und Kalkweiß.

Not lässt sich nicht blicken
bei diesem Strahlen der Bläue,
selbst Gemurmel der Wolken
hemmt das Lachen nicht.
Nein, in diesem Ort der Sorglosigkeit
sinnt nicht der Regen auf Rache.

Er spült das Soeben
in die Vergangenheit,
leichtfüßig und gedankenlos
wie dieser Sommer,
der seine Hitze gebührenfrei verschenkt.

Gegenwärtig ist er nicht von Bedeutung,
allein reinigen soll er die Luft
von der Schwüle der Sonnenmilch,
deren Duft nach Kokos und Palmöl
Fliegen zum Schlingern verhilft.

Wie einer Schale die Walnuss,
wie einem Windhauch die Frische,
entnimmt er dem Zeitbild Licht,
ein Spiel der gelösten Worte,
das über dem Summen der Circe
seine Lider schloss und einschlief,
in dem Menschen, die sich lieben,
ihre Liebe wiederentdecken
wie in einem Film mit Bogart,
der tiefblickende Held auf der Abschiebebank.

Frauen, die dort lieben,
tragen ungewöhnliche Namen.
Sie heißen nicht Maria.
Sie tummeln sich auf anderen Sonnenbänken,
jenseits der Rechnung von Raum und Zeit,
schwebend zwischen Himmeln im Feuerrot,
das den Abend versengt und noch brennt,
wenn das Blau sich dem Schwarz ergibt.

Sommer 2000

L' amour de l' année

Wind der Freiheit
im unendlichen Blau der Höhen
Sprache des Universums
flieht über den Staub des Planeten
streift mit seinen Fängen
Gedanken stürmischer Umarmung
Weltflucht an der Küste in La Jenny

Milleniums Sommerzeit
entlässt am geneigten Grad
das Aufbäumen der Gegenwart
verheißt ein Mehr an Zeitfracht
die Chiffre der Zukunft
in tiefem Seegang gesichtet:

Laissez passer, c'est la liberté
aimez tous les jours de l'année

La-jenny.fr

Online im Pinienwald
das blau-weiße Chalet
eröffnet mit einer neuen fichier

den Jahrtausendwechsel
les sessions de l'année
en vacances die Homepage am PC

im Dorf der Freiheit
kreist das www
für Globalisierung http://

das Netzwerk Europa
Milleniumsbillet
für Reisende im Internetcafé

La-jenny.france outcome
die atlantische Welle
verbindet im Ort natürlicher Quelle

die website mit Ginster und Meerwasserspiel
e-mails versickern im schäumenden Priel

Sommer 2003

Atlantis

Wie oft sind wir Suchende
bis zu der Grenze,
deren Überschreiten Ertrinken
unabänderlich heraufbeschwört
und weigern uns dennoch,
den Versuch zu unterlassen.

Es ist unsere Abenteuerlust,
die uns das Lot wirft
auf der Wanderung
durch das unwirtliche Gelände
des Verdrängten,
des Geheimnisvollen der Seelengänge.

Eines Tages vielleicht
vereinen sich Sehnsucht und Hoffnung
und Atlantis wird auferstehn.

Gleiche Enden

Von der Brüstung des Marmortempels
siehst du hinab
auf die Lagune der leichten Sehnsucht

Sie spricht mit dem Zauberfels
der alles was ihn berührt
ins Gewünschte bannt

So gleichen sich
Sonne und Mond
Helles und Dunkles
Weißes und Schwarzes

Sie sind
voneinander entgegen gesetzte Ziele
einer Strecke

Von jedem Ende
gehst du auf ihre Mitte zu

Meeresalabaster

Glitzerndes Alabaster
senkt sich vom Horizont
ins wankende Azur

Am Ende des Tags
schließt Frieden der Wind
mit des Wassers Nachtruhe

Wellen im Traumland
wenn die Meerjungfrau
sich das Haar verwebt

Letzter Versuch

Nachtgelbes Phosphor glänzt über der Meerhaut
vom Kommenden trennt das Vergehende
ein schwarzer Strich

Der Wellenmantel schlägt um sich
als wollte er das Unausweichliche abschütteln

Sommerdrachen

Im Sand der Meeresbucht der Kampf den Sinn verlor,
der dich verzehrt, ergreift, so lange du ihn führst.
Wo milder Abendwind das Menschliche beschwor,
entkleidet sich der Schmerz, das Sehnen du erspürst.

Ein Sonnentropfen schweißt mit Hitze und mit Glanz
das Wundmal zu. Es heilt die leere Existenz.
Die Schatten werden leicht und groß die Toleranz.
Es atmet Körperduft in voller Provenienz

für Tage. Doch schon bald die Säfte ausgeleert,
die Wesenshülle schläft, die Blicke abgekehrt.
Der Abschied naht heran, die Lust wird stumm und schweigt
und Wehmut wiegt das Land. Ein Sommerdrachen steigt.

Sommerabschied

Seewind lüftet heran, umspielt meine Haut.
Am Dünensaum vergessen schwelgt weißes Licht.
Die Zärtlichkeit des Sommers verabschiedet sich.

Während das Blau ergraut durchstreift das Gelbe
noch einmal das Gelände des Hells.

Im Augenblick des Untergangs
begegnen wir der Verhältnismäßigkeit.

Finale Orientierung

Ins späte Mittagsblau der Sand sich heiß verstreut.
Aus Höhen Möwenschrei den Sturz hinab gebahnt.
Geheul der Brandung schwillt und Sterben nicht bereut.
Ein Fischzug spiegelt Meer, als Beute schon erahnt.

Die träumen, sonnen sich, von Schwere weit entrückt;
sie hoffen, dass die Nacht sie nicht vergällt, vergreist.
Des Alltags Gleichschrittzwang den Weg verflacht und bückt.
Die Lust nicht aufbegehrt, von Sehnsucht stumm, verwaist.

Der Meerwind bläst, sich hebt, das Ufer er beweint.
Das Licht erotisch fällt und manche Stimme weckt.
Im Schwarz des Horizonts sich's himmelwärts vereint:
ein Puls die Wunde brennt, vom Bluten aufgeschreckt.

Finales schmerzt, vernarbt, ertrinkt in dunkler Welt.
Kein Zauber bricht den Stab des Schicksals. In der Zeit
die Seele lahmt, erstirbt. Vergessen sich gesellt
ins Totgesagte, wähnt von Zukunft sich befreit.

Nächte des Lichts

Und in die Leere meiner Haarwelle
stößt der Wind das Lied der Jungfrau
Die Wunden der Jahre verströmen
ihren tödlichen Seim

Ich lass entfließen den Traum
der überschwänglichen Sommer
und kehre zurück
an der Strände Muschelkalk

Tausend kleine Scherben
tausend kleiner Tode
dazwischen das Krebstier
und die Feuerqualle

Ach du geduldiger Mond
siehst lange vor deinem Tag
die Nächte des Lichts
die ich beweine

03. Juni 2004

Ein Sommerspiel

Ein Dach aus Himmel
gestreift von langen Wolkenrispen
an denen weiße Federn bauschen
und ein Delphin der stolz sein Grau
über das Wasser trägt
ein kleines Mädchen reitet ihn
und jauchzt und jubelt laut

das plätschert hin und her und singt
und auch ein Junge schwimmt
auf einem Krokodil das grün
sein Maul erhebt und rotes Feuer spuckt

und haucht und faucht im Sonnengelb
im Kampf mit dem Delphin
den antreibt seine Reiterin
dass Wasser aufrauscht zu Fontänen
bis Kugeln übers Becken spritzen

bald vorne dran die Mütter staunen
und hier und dort ein Vater

Sommer 2010

Jahre in La Jenny

Jahre am gekrümmten Horizont
Augenblicke ohne Wiederkehr
Helden stürzen sich ins wilde Meer
ringen unbekümmert mit der Front

eher noch hast du es hier gekonnt
ins Gefecht zu ziehen ohne Heer
nur der Himmel wirft den heißen Speer
loht auf dem der sich darin gesonnt

alle Tage spiegeln mich im Blau
jeder Tag ein aufgetrag'nes Kleid
erdverbunden in den Sand gereiht

Nahaufnahme zeitlich ungenau
Neigungswinkel der im Licht erschien
Yachten ohne Fischfang weiter zieh'n

Sommer 2010

Nachtmusik

Die Silhouette der Schwarzkiefer verdämmert
Nadelspitzen stechen in den Horizont

sprechen im Flüsterton das Credo
entlichteter Stunde

auf der Laute der Vogelkehlen
spielt Nachtmusik ihr Präludium:

Pfeiftöne
für den Aufgang der Sterne

Lacanau, 23.03.2013

Lacanau-Océan

Vom Aussichtspunkt
rollt das Meer auf dich zu
Welle für Welle
höher als sonst
drei Meter hoch

wie eine Lawine
windet sich das Wasserband
von einer Seite zur anderen
bis es vom Kamm in die Tiefe stürzt
mit gischtiger Wucht

der Aufprall sagt dir
dass deine Kraft nicht ausreicht
im Unbändigen zu bestehen

siehe die Natur des Ozeans:
eigengesetzlich
wild
unstet
unruhig

immer wieder
sich selbst zähmend
überschäumend
überkommend
verwerfend

ein weltverrückendes zeitloses Spiel
des Lebens

24.03.2013
Auf der D 3 von Lacanau nach Le Porge

Die Unendlichkeit der Ebene

Unterwegs
auf endlos grauen Bahnen
zwischen Pinienwäldern

je weiter du fährst
desto weiter entrückt die Ferne

die Aussicht ist eine blaue Wand
gegen die du fährst
eine unendliche Linie
die ins Nichts führt

lass dir nicht sagen
dass du nicht ankommst
auf der Geraden
findet das Ende
in Kurven statt

CÔTE D'ARGENT

Die Côte d'Argent liegt am Golf von Biscaya und erstreckt sich von der Mündung der Gironde am Pointe de Grave in Le Verdon-sur-Mer bis zum Fluss Bidassoa am Fuß der Pyrenäen, der etwa 10 km lang die Grenze zwischen Spanien und Frankreich bildet. Die südwestfranzösische Küstenregion gilt als eine der schönsten und längsten Strände Frankreichs. Sie verdankt ihren Namen zerfallenden Muscheln und Austern, die sich im Laufe der Jahrtausende mit dem Sand vermischten. Besonders im Licht der Abenddämmerung schimmert der Sandstrand bei Sonnenuntergang wie feiner Silberstaub. Baden im Atlantik ist nicht ungefährlich. Hohe Wellen und eine starke Strömung sind eine Herausforderung auch für gute Schwimmer. Bei Surfern hingegen sind hohe Wellen begehrt, um ausgiebig auf ihnen zu balancieren und zu reiten.

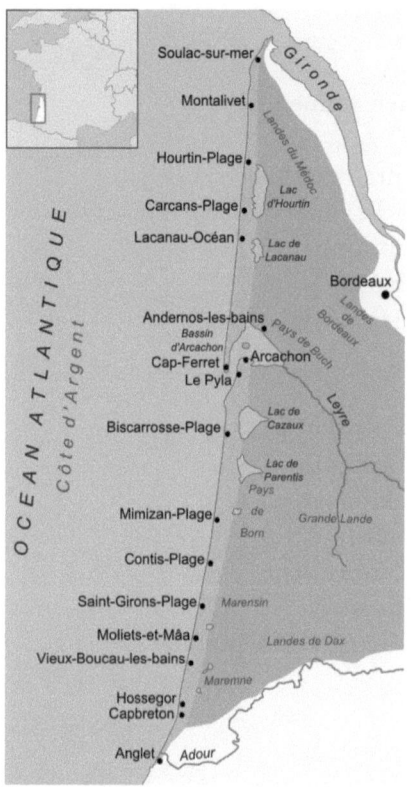

Sommer 1998

Meerblicke

1
Wo Wellendrift Muschelkämme bricht
und Sandbänke spreizt
tost Meersog in den Ohren der Feuerquallen,
den Leib preschend an die Füße der Schwimmenden
einen Postkartengruß entfernt
vom Karma des Eben noch
sprenkeln Möwen das Himmelblau weiß

2
Kaum zu erahnen ein Fußabdruck
im Sandstaub ordnet Algengrün
ockergelben weißen Mikrokosmos
schimmert eine Handbreit
vor wild schlagendem Marineblau
blendet Licht durch Haarrisse
der Wolkenhaufen auf dem Scheitelpunkt
einbrechender Fluten

3
Aber dies ist auch ein Ort einsamer Sonne, Sonne
die in ihrer Kühnheit keine Schatten hinterlässt
nur Asche verbrannter Erde Wüsten vergangener Oasen
aufgebraucht im Brennpunkt heißer Luft
Was wirft Schatten im grellen Schein der Hitze
Hitze im flammenden Zenit
der das Dahinter längst verbannte
Dies ist auch ein Ort hitziger Sonne
die keine Gnade kennt und nicht nur jenen brennt
denen nach Hitze dürstet

Sommer 2000

Rhapsodie in Blue

Wenn beim Schnäbeln des Vogelpaares
das Zwitschern endet, fliegen Töne,
von Sehnsucht erhoben, hoch hinaus,
in den weit geöffneten Himmel.

Die im Wasser des Lebens baden
weilen in der Welt wie die Sonne,
Zenit erhellender Schwingungen,
Umarmung, gezeichnet von Küssen,

    die brennenden Fackeln,
die kühlen im Schatten des Mondlichts,
spät, wenn die Hitzewelle sich bricht.
Gischt spült tosend die alten Kleider
an Strände, wo sie, wenn gefunden,
von anderen getragen werden
aufs Neue, immer wieder, weiter,
in Wiederholungen, in Zeiten,
in Gezeiten, die Ebbe wagen.

    Wir wagen weit hinaus,
ins Meer wir fluten mit der Brandung.
Komm auf die Sandbank, Träumerin,
die trocken für den Moment, wartet
auf die Stille des Rausches, Lichtstille,
Nacktheiten, nackt mein Körper, mein Blick,
mein Denken, nackt nur sehen wir uns,
nackt nur weben wir die Sekunde ein,
weben ein Kleid der Unendlichkeit.

    Augenblick der Sinne,

unserer Sinne, die verströmen,
ineinander fließen. Wir sind Meer,
vom Rauschen berauscht, im Schwindel wirr,
seekrank durch das Wogen der Wellen,
kraftvoll die berstende Brandung,
wenn die Flut das Land verheißt, dürstend
nach Überschwemmung und hungrig
nach Nahrung, des Wassers Mineral.

    Bronn der Sehnsüchtigen,
Sehnsüchtige, die ohne Fragen
sich ins Wasser stürzen, hoffnungsvoll,
dass die Sandbank gewartet, bevor
sie sich dem Überfluten ergibt.
Wer weiß schon, wo das Meer ins Land reißt,
es nicht mehr hergibt, es ganz verschlingt,
in der stürmischen Umklammerung
seiner Wasserarme fast erstickt.

    Selbst in dieser Strömung
wirft das Gewoge zurück ans Ufer
uns, Wurzeln schlagend im Boden,
den das Mineral befruchtet hat,
kostbar wie die Perlen der Muscheln,
Wir tauchen nach Muscheln, auf Suche,
auf der Suche nach jenen Perlen,
die aneinander gereiht ketten,
Lebensketten schmieden, der Mythos,

    Meer, das Mysterium,
unvollkommen vollkommen, jenseits
bedeutungsvoller Worte, Unschuld
in undurchsichtigem Blau gemalt,
zweifelhafte Erscheinung, Betttuch
der Schöpfung, Transparenz zwischen Tod

und Leben, Gratwanderung des Ich
im Wollen, Denken, Fühlen, Lieben,
die Welt, wie sie nackt ist, Vorgeburt.

    Nichts im Nichts, Traum im Traum,
Galaxien ohne Sonne, schwarz,
schwarze Löcher, Kontinuum
der Entfernung, bis der Horizont sie
bindet, Zeitband, schnellt zurück uns,
die wir ketten am Traumland, uns,
sterbend am Tag, uns trifft der Flügelschlag,
die sich gebären, Geborene,
Gebärende, Nachgeburt.

    Spiralnebel, Sterne,
Andromeda, die Wiedergeburt,
Nachwort im Wortlosen, dreht sich, schweigt.
Ich stand auf der Wiese, staunte scheu,
im Blinzeln des Lichts, sah dich Aura
im Vollkommenen, dich Lichtblende,
Schattenbild, Trugbild des Nichts, allein,
du mit der Perlenkette, Glitter,
ich reise mit dir, wenn das Land reißt

    im Zeitsprung gebunden,
wenn Wasser sich formt, fließt, wellt, wogt, bricht,
wir in uns gebunden, wir in uns
gekettet, geschmiegt an die Perlen,
Lebensschmiede, Eisenkette schwarz,
weiß, Grau im Grauen, blau im Blauen,
stille Unschuld, gesichtet in Schuld,
weilt in der Welt, Welt wie die Sonne
Zenit erhellender Schwingungen,

    Ton, Töne, Rhapsodie.

Le Porge im Juli 2001

Gewöhnlicher Verlust

Gleich hinter dem Horizont, dem nahen, fernen,
gleich über dem Himmel, dem blauen, schwarzen,
gleich unter der Sonne, der wärmenden, stechenden,
gleich hinter den Meeren
sind mir die Worte ausgegangen,
die ich zum Schreiben eines Gedichtes bräuchte.

Die Nähe des Vorhandenen
lähmt die Fantasie.
Sie weigert sich zu fliegen
und die Dichterin dichtet
mit dem Bekannten
die offenen Stellen ab.
Die Worte, die sie dazu braucht,
sind weder schwer noch alltäglich.

Tourismus

Unter dem Muscheldach fliegt der Sand nicht so.
Wenn der Wind bläst, dröhnen die Ohren
und die Plastikwände flackern.
Das Badetuch legt sich die Zeit zurecht.

Um zwei Uhr nachmittags treibt die Sonne
das Licht in die Augen und brennt auf der Haut.
Die Gäste tragen ihre Bräune voran wie ein Denkmal.
Der ratternde Kutter verkehrt die Zeit,
er arbeitet wie die Fischer.

In dieser Gegend liebt der Tourist den Tourismus,
nicht die Menschen oder die Natur.
Sie ist wie sie ist und bleibt wie sie ist,
gnädig und gnadenlos, schön und unschön,
laut und leise, wie die Fischer im Meer.

Der gute Wind

Die Saisonarbeiter sind gekommen,
Tagelöhner sind besonders gefragt,
solange die Sonne scheint, jedenfalls.
Schiffe fahren wie Gladiatoren
aufeinander zu. Sie kreuzen
die Weite mit ihren Segeln,
weltmännisch und großspurig.
Noch wenige Meter trennen sie, scheinbar.
Den Augen fallen die Lider in die Quere,
eine Lichtblende zur Wirklichkeit.
Bug an Bug stehen die Decks
und speien Schreckgespenster,
da winken sie sich zu, die Jachtbesitzer
und rufen: „Heute haben wir guten Wind."

Die Langsamkeit

Der üppige Reichtum des Strandes
verleitet zu Leichtsinn.
Ein nicht enden wollender Tag
streckt das Leben und das Sommerloch.
Ich lese zu lange, die Stundenuhr
zweifelt am Ernst der Zeiger.

Ballclaqueure und Wellenreiter
sind die einzige Bewegung.
Kinderstimmen versetzen die Luft
in einen Tonteppich, auf den Silben
krächzen Sekunden minutenlang.

Erst der Abend bricht mit dem Wellenkamm,
der jetzt weiß schäumt und den Sand spült.
Es bleiben die Vergessenen, die den
Sonnenuntergang nicht verpassen wollen.
Die Dunkelheit verbittet sich den Zeigefinger.

Ende des Traums

Ein übriges Maß an Bedeutung
und Möwen, die das Licht verschleißen,
die Bläue und das Wolkenweiß.

Sie setzen ihren Flügelschlag zeitgenau
in den Wind, viertel vor elf oder auf elf Uhr.
Ein Flugzeug auf zwölf Uhr macht ihnen Konkurrenz.
Es gurrt so tief wie die Möwen
über den Köpfen hinweg.

Manche ängstigen sich ob der drohenden
Lautmalerei am Firmament.
Bestenfalls hat der Flug der Technik
aus Träumen aufgeschreckt.

Verschiebung

Ein fiebriges Kribbeln verdampft im Wind,
das Geheul der Flut lockt zu Abenteuern,
gegen die Sandwand peitscht der Wellenschlag,
der stückweise die Konturen verschiebt.

Das wilde Herz erwacht und reißt aus dem
Sommerdämmer das Verwegene,
das mühsam in Grenzen Gehaltene.

Noch in dieser Stunde
werden Muschelberge sich auftürmen
bis der Ozean sich besinnt.

Zurück bleibt das Aufgewühlte,
das im Stürmen der Blauäugigkeit
die guten Vorsätze vergaß oder nicht.

In jedem Fall forderte der Kampf
eine verstörende Kraft.

Schäumte das Meer
die Wellen nicht auf
blieb das Wasser
stehen
und das Abgestandene
wäre Ewigkeit

Auf Wolken
schweben ist himmlisch
Wohin fällst du
wenn es geregnet hat

Rauch am Himmel
schwärzt die Wolken.
Erst das Gewitter
macht die Sicht wieder klar.

Ebbe überall
beim Rückzug auf Sandbänke
Muschelgetuschel

Juni 2004

Grenzöffnung

Strandläufer tippeln
picken in Rippeln
Insekten auf
Salzwasser perlt aus

Hitze schleiert
vernebelt Uferland
Sonnenblick
Weißbruch

am Lichtband
Protuberanzen flimmern
fiebern vibrieren
am Rand des Rausches
Grenzöffnung

8. Juni 2004

Meerufer

Gischt tanzt auf der Schneide der Wellen wirbelt
schäumt ins Land bewässert den Strand erschlürft sich
Steinpartikel Sandkörner flieht zurück und
reißt alles mit sich

Zeitstaub flimmert löst die Begrenzung auf und
weit Entferntes mischt sich mit allem Nahen
neu beginnt was sich aus Zerstörung nährte
Ende und Anfang

Nebel aufschwingt feuchtet die Dünung dünstet
Federgras im Blaulicht verwurzelt büschelt
Blütenkelche flechten im Sand und bald ein
zartrosa Leuchten

Mai 2005

Meerluft

Ich will das Meeresufer einmal noch erspüren
will den Hauch des Ungestümen fühlen
Meerluft spüren und fühlen und atmen
Ich will atmen die Natur des Ewigen
will staunen über das wahrhafte Wissen
des Ungebändigten

Ich will das Meeresufer einmal noch erspüren
und eingehen in den Wind der mich trägt
mich hingeben an das Uferlose
will mich einen mit dem Staublosen

Hier will ich einmal noch
den Himmel allen Blaus erahnen
und eingehen in das ewige Weltall

Meersand

Vor lauter Sand versinken meine Füße
in tiefere Schichten graben sich ein
in Staubpartikel Zehe für Zehe
hinterlassen Kuhlen wieder und wieder

Wie durch eine Bö die den Sand
ans andre Ufer weht
und auf die Steine des Zurückgelassenen stürzt
unversehens ins Namenlose fliehend
erscheine ich klein und fremd

So unwirklich wie das Licht wirft mein Schatten
sich in deinen Schatten Sand du Staub der Erde
du allen Anfangs Grund wartest auf Rückkehr

deine Tiefen füllen sich ein ums andere Mal
ergeben sich dem Gesetz der Wellen
meine Zehen reinigend vom Zeitlichen

Wolkenfuge

Sonnenringe verzerren die Entfernung
überlagern den Weitblick der den Horizont
in blaue Streifen teilt in Wolkenfugen
Windklänge eine Raumsinfonie
aus hitzigem Mittagsdur

über der Gischtspur schwirren Möwen
greifen nach der Zeitmelodie
die kein Verständnis hat für Aufgeschrecktes
und die Eile von den Wellen spült

im Regelwerk der Stunden pendeln
die Silberflächen des Meeres
treiben sich gegenseitig an
bis die Krümmung des Lichts
die Konturen im Unkenntlichen bricht

Lichtfieber

In den Sphären die wie Hologramme wirken
verschwommen und doch vollkommen nah
neigt sich das Fieber des Lichts

Das helle Weinen einer Windbö schleppt
sich in die Ohrmuschel des Ufers
und verfängt sich im Dünensaum

Wenn Lichtsplitter sich am Zeitgrat
zersprengen und auf Sekunden flimmern
reibt sich der Himmel das Blau
aus den Augen

Sommer 2010

Meeresdämmerung

In der Dünung
die aus dem Nebelmund
Paläste entsunkener Nächte aushauchte
schoben Pinienäste das Grau
von den Lichtkuppen der Wolkenberge

Mond wob seine weißen Quellen
durch den Sternenstaub
die bleichen Dünenrosen fröstelten
unter verbläutem Gestirn

fernab den gewaltigen Weiten
erhoben sich erste Laute:
das Schnarren der Sandwürmer

das Schleifen der Meerzunge
der Balzruf der Tauben

unter dem Dämmerungsschleier
blinzelte die Sonne
wie das Rosa knospender Flechten

Wolkenbruch

Wurfgeschosse Sturm geladenen Donners
verbrennen den Sand
Quellerstengel windgetrieben
fegen über die Salzwiese

vom Horizont rollt meterhoch
der dunkelgrau gepeitschte Wellentreidel
Blitzaufnahmen rücken das Ufer ins Licht

meine Augenlider blinzeln
wie alte Polaroidkameras
Schauermärchen spiegeln sich
Schwarzweißbilder
die in der Gischt vergilben

Himmelsstürme

Als wenn ein dunkles Blau den Himmelsbogen
nach unten zieht, verhakt, vertäut und spannt
am Meeresgrund, der das schwere Band
nur halten kann, weil er es aufgesogen,

als fühlt er um das Nass sich halb betrogen,
saugt er es heftig aus der Wolkenwand,
bis alle Spuren in ihm eingebrannt
und alle Schwindel in ihm aufgeflogen:

Erstürmtes, von der rauen Welt Zerrissnes,
im Grund Verlornes, das niemand mehr vermisst.
Wer nie danach gefragt, wes Kind er ist,

hält später als Erinn'rung nur Verschlissnes
in der Hand, ein ungekanntes Meer,
ein nicht gewagtes Leben ohne Wehr.

Möwen schweigen still
Nordwind peitscht Wolken aus
spar dir die Tränen

Allerlei Donner
kracht in die Häuser im Sturm
werden Stimmen laut

Blitzjagd im Blauen
Schauer stürzen dir zu aus
allen Himmeln Nacht

Tief verborgen fließt
in der Neigung des Flussbetts
alles Geheimnis

Sturmschäden

Von weither hören wir den Sturm
der alles verschiebt
Fährten Wände Häuser
wir senken unsere Köpfe
um Gedanken ablegen zu können
die wir hegen so lange Jahre schon
und dann vergessen um sie zu tilgen

ein jeder von uns kennt die Pflaster
die wir kleben so lange Jahre schon
und uns gegenseitig verheimlichen
jeder brennt in der gleichen Wunde

wenn wir nach langer Nachtfahrt
frei atmen kehrst du wieder
Schlagkraft des Blutes
wir tanzen mit dem Gipfel der Stürme
spüren wie das Höllenfeuer
auf uns seine Peitsche schwingt

wenn der Sturm vorüber ist
sind die Straßen unbefahrbar geworden
Landschaften zerrüttet
Häuser ausgebrannt

wem wird wenn der Sturm vorüber ist
Vergessen eine Heilung sein

Aufruhr

Schon sinkt das Licht ins Häusermeer
wolkenschweres Wischwasser
schwärzt meinen Blick

aus Kieferkronen fallen
ungezählte Zapfen
klappern ungezähmt
gegen Holzbauten
die Heimat sind und Burg

in naher Entfernung
abgerissen vom Wind
bohren Ginsterschoten
sich in den Humus
treiben Röhren in den Sand
Durchfluss für die von Wolkenschreien
ausgestoßenen Bittertropfen

Böen zerzaust mein Haar
klatscht gegen meine Schläfen
den Aufruhr der Stunde

Domaine de la Jenny, Le Porge

Hungersturm

Noch ist es grau am Uferstrand
dunstige Nebelnetze
fallen über mein Gesicht
und übers Meer fliegt aufgewirbelt
ungestümes Kreischen

Schatten stürzen
weiß vom Seewind
scharren im Priel
Seevögel schlagen
ihre Hälse in Rinnsäle

ich steh in der Flugbahn
scharf klingen die Schnäbel
klirren wie Säbel
wenn sie jagen
im Hungersturm

Seemannsgarn

Sturmmale im Sand
kreidebleich vom Überfluten

Wischzeichen der Gischt
erzählen vom Fischfang

Meer stottert verrottete Kanthölzer aus
schreibt eigene Geschichten
über Fangnetze und Untergang

Grabgesang

auf dem Ehrenflug Möwengeschwader
Salut der Sonne, ein Donnergrollen
Wasser reißt Kerben in den Dünenwall

Sand merzt die Scharten
mit dem Nachwuchs der Gräser aus

Lobgesang der Delphine
preisen den Sarkophag der Zeit

Einmal werden wir sein
wie der Wind überm Meer
tragen werden wir unser Wissen
an die Ufer Gestrandeter

Einmal werden sie sein
wie der Wind überm Meer
mit dem Wissen
um gebrochene Hölzer

Du bist wie das Meer
tönst krachst
bis der Wellenkamm
gebrochen

Lass uns wandern
im Watt der Meersterne
ausruhen auf Muschelbänken

Los der Zikaden

Grashüpfer Grillen Zikaden
sägten in hügliger Wiese
abseits von kühlender Brise
die wehte von Ufers Gestaden

sie sägten und grellten und tönten
herzhaft mit festen Waden
doch Käfer Würmer und Maden
schimpften gemeinsam und stöhnten

soll doch der Himmel uns grollen
dachte die zirpende Meute
denen kein Ungemach dräute
wer sollt ihnen Böses denn wollen

sie hüpften ans Ende der Düne
strichen genüsslich die Geige
dass sich der Meergott verneige
vor ihrer Graskammerbühne

Doch auch die Möwen dies hörten
an ihren fischlosen Pfründen
hinter den sandigen Gründen
Lieder die sie verstörten

sie flogen voll Groll einen Bogen
zum kunstvollen Dünengesang
das Trommeln verstummte verklang
so wird nun ihr Schweigen zur Sühne

Unterschlupf

Aschesilber der Gräser
schwankt über Buschwindröschen
Schattenschlummer der Heide
unter Kieferkronen
Tröpfchen aus Astschweiß
an der Neige der Ginsterrispen

Heißwind zieht herüber vom Meer
ein Salamander kreuz und quer
Unterschlupf sucht
unter Wurzelsteigen
am Waldboden

Strandgang

Meerschaum Wellenkrönung
entglitzert im Sandgeriffel
Sonnenfön trocknet Skulpturen
aus Sandwurms Geschriffel

im seichten Priel graben die Zehen
blubbert Muschelgegluckse
wirbelndes Flöhegemuckse
pickt mich beim Gehen

Salzdampf kocht den Dünensand
von Woge zu Woge schaukelt mich Gischt

noch bewacht der Meergott die Freiheit
taub an Land zu gehen

blutige Fußspuren laufen hinter mir her

Was bleibt
wenn das Meer
seine Wellen leerrauscht

Gipfelpunkte
die du hundertfach
vor meiner Seele
hast anschwellen lassen
ziehen sich zurück

Wasser schöpfst du aus
der Kelle aller Flüsse
als Lebensquelle

Du bist wie das Meer
tönst krachst
bis der Wellenkamm
gebrochen

Tief verborgen fließt
in der Neigung des Flussbetts
alles Geheimnis

Silberküste 2011

Am Flutsaum

Es war der zweite Samstag im Juli 2011. Den Himmel durchzogen hellgraue Zirruswolken, die von leichten Federwölkchen, welche das Meer in die Höhe blies und nun vom Wind vor sich hergetrieben wurden, durchbrochen waren. Kein wirklich sonniger Tag, dennoch lud das Unentschieden der Wetterfront dazu ein, sich den Meereshorizont näher anzusehen um herauszufinden, ob leichte Kleidung angebracht war.

Das Meer lag staunend in seinem Tiefbett und glitzerte. Keine Anzeichen einer Schauerneigung war zu erkennen. Der Ozean zog sich zurück und hinterließ am Flutsaum Unrat, Tang und totes Getier. Zwischen den angeschwemmten Haufen aus Tang lagen bäuchlings tote Krabben, leere Kunststoffflaschen, zerstückelte Hölzer und aller Art Muschelschalen. Ein größerer Fischkutter musste wohl die Netze geleert haben, anders war dieser Selbstreinigungsversuch des Meeres nicht zu verstehen.

Wie sollte urplötzlich soviel Tang von der Strömung mitgerissen worden sein, dass er den Strand in seiner sichtbaren Länge komplett verschmutzte? Möglicherweise hatte es schweres Wetter auf See gegeben und der ganze Sheetkram, wie der Hamburger Fischer sagen würde, wurde an Land gespült. Von einem Sturm oder gar Orkan wurde jedoch nichts berichtet. Vielleicht hatte ja Triton sein Schwert geschwungen und die Wasserwiese gemäht für den Schönheitsschlaf der Meerjungfrauen. Inzwischen waren die ersten Meter des Flutbereichs trocken gefallen und mit ihnen der Tang. Meerjungfrauen waren darin nicht zu finden. Die schwarzen Berge glichen Maulwurfshügeln.

Strandläufer nötigten sie dazu, sie entweder zu umlaufen oder zu überspringen. Spaziergänger umgingen sie einfach elegant.

Es war lange her, dass die Silberküste sich für Erholung suchende Gäste in den Schmutz geworfen hatte. Vielmehr ließ man sich vom Lichtfieber gefangen nehmen, um zu erahnen,
wie im entfernten Horizont die Töchter Tritons sich im endlosen Sonnenlicht die Haare kämmten, so sehr glitzerte und´flimmerte es. Die Ölpest, die vor einigen Jahren vor Frankreichs Küste zwei Jahre lang für ein schmieriges Vergnügen sorgte,
hatte der Ferienort unbeschadet überstanden, da man ständig bemüht war, die natürliche Ordnung wieder herzustellen und aufrecht zu erhalten.

Da kam mir ein Ereignis der besonderen Art in den Sinn. Auch dies lag Jahrzehnte zurück. Ein Pottwal musste sich in der Richtung geirrt haben, denn er strandete dort, wo sich jetzt der Tang ausgebreitet hatte. Leider war er schon stark ausgetrocknet, so dass auf Rettung dieses Meeressäugers kaum zu hoffen war. Sollte man zusehen, bis der letzte Atemzug getan war, um den Kadaver seiner Bestimmung zu übergeben?

Die örtliche Feuerwehr entschied anders. Für den Abtransport hätte es wohl eines Krans bedurft, um das tote Tier auf ein Fahrzeug zu hieven. Ihn einfach wegzufliegen schien angesichts der versammelten Badegäste aus Nah und Fern zu spektakulär und ebenfalls sehr aufwendig. Es wäre kein erfahrenes Meervolk gewesen wäre man nicht zu der Überzeugung gelangt, in den Sand eine Art Seemannsgrab zu schaufeln, damit Triton seinen ausgedienten Ritter der Tafelrunde wieder zurücknehmen konnte. Und so geschah es. Mit Schaufeln wurde eigenhändig so lange Sand um das Tier herum weggeschafft, bis das Loch sich mit Wasser füllte und zu erwarten war, dass ihn die nächste Flut wie ein Geleitzug in die Meeresgründe trug. Noch Jahre später erzählte man sich die Geschichte und dachte an den verirrten Meeresbewohner.

Doch dies hier war anders. Kein Unglück hatte den Strand getroffen, eher menschliches Versagen vor den Naturgesetzen. Während ich den Tang und die Muschelschalen betrachtete, um vielleicht doch noch ein paar Exemplare für meine Muschelsammlung zu finden, flogen dicht über dem Ufer ein weißes und kurz danach ein gelbes Sportflugzeug über den Köpfen der wenigen unverdrossenen Meeresliebhaber hinweg. Kaum war das Geknatter in Hörferne entschwunden, tauchte am nördlichen Küstenstreifen ebenfalls dicht am Ufer ein Fischkutter auf, im Schlepptau unzählige Möwen. Wer auch immer für das Ereignis verantwortlich war, der atlantische Ozean versorgte Mensch und Möwen weiterhin unbeeindruckt davon mit fischreichen Fängen und wieder frisch gespültem Gischtschaum.

Sommer 2012

Salz

Stirnweiß wirft
Meer sich dir zu Füßen
adelt den Gang
der Fischsucher

wie kannst du laufen
auf der Wasserscheide

Tag
der dir schickt Delphine
dich ins Gebet nimmt
jeder Tropfen
der dich lichtet

Durst dich überkommt
im Anflug des Salzgeschmacks

Strömungen

Das schlagende Meertuch
immer wieder ausgeschüttelt
fallen wie Steine ab
Licht und Schatten

gehst du im Sandhemd
zieht aus dich Windwut
Federblut tropft
Meerschrift über Muschelgries

dir werden Schwarztöne
vor Augen stehn
gehst du im Sog
der Strömung entgegen

Spritztour

Ach wäre das Grollen Gesang
ausblieb der Anprall der Brandung

auf Spritztour der Meergott
wischt nass nach die Haut dir
reibt ab dich mit Staubkorn

allein eine Vogelfeder blieb standhaft
im Kies flunkert dir von Freiheit

wahr scheint sie dir
wenn du die Wahl hast
zwischen Badetuch und Regenjacke

Flut

Sänfte mildwarmes Gewoge
gemächlich herüberschaukelt
in Prielen der Sandbank zu

Meeresreste prallen an
wenn es anschwillt
Wellen mit Blauglitzer
das Himmelsaug' täuscht

sieh dich vor
wenn Wolfshunger wässert
maulweit die Reißzähne
ins Land schlägt
mit hängenden Fäden
im Gischtgesicht

Windstille

Gräser lehnen sich
an den Rücken der Dünen

im Luftschutzraum
putzen Zikaden
Beine und Bogen
bereiten die Bühne
für den Tag
an dem jeglicher Sturm
den Wind verlor

weit tragen die Töne
die mir offen klingen
mich hoffen lassen
auf das Licht
der aufgehenden Sonne

Dünensand

Dünen hügeln
Sandwirbel ufern
den Meerfuß
der immer wieder
alles glatt stampft
von Ewigkeiten her
alles Wurzeln bekämpft

das wenn es dir Heimat wär
den Boden kräftigt
um das Versinken
erträglich zu gestalten
sandauf sandab

Seemannskraut

Meer stürmt die Felsen
an die Gräser rafft sich
die Schlangenspur der Wellen

Wind fängt Distelblüten ein
drängt Strandhafer
mit den Ähren zu schellen
um Wilderer im Seemannskraut
zu vertreiben

Im Nebel

Trübt mich Nieseldunst
feuchtet im Nassschal
mich Salzkorn für Salzkorn
Rauwind

fern scheint mir Gischtschaum
lichtet hinter dem Blick
was weit mir scheint
was uferlos weint mir

Möwen sichten im Tiefflug
Silberfische kreuzen im Dreispitz
Wind und Wellen
jagen dem Pulk hinterher

der verschwimmt
zwischen Ahnung
und Nebelkunst

Sommergewitter

Hagel klopft seine Körner
aus Wut an die Wand
er verlor seine Wolke
die ihn schaukelte
von Land zu Land

bevor er Tropfen für Tropfen
in vertrocknete Risse fließt
und den Pinien
frische Nahrung angießt

Hitze

Sieh es dem Heißwind nach
nie trug er ein Schweißtuch

wie deine Stirn kühlen
mit Wolkenasche im Salzblick
Geständnisse des Lichts
das Nachtwerk befeuern

lass die verbrannte Haut zurück
wenn Mond Dunkelheit
freigibt im Anblick
sternenträchtigen Blaus

Sommer

Der die Heißzügel
zog Sommer
Gras ausbrannte
das Flammenschwert

schau in mein Schattengesicht
Sonnen durchwachsen
Lichttage im Schweiß
die zu ertragen
ohne Brille erblinden heißt

wie wärmt mich Abendrot
Kopffarben wenden sich ins Blau

Mondnacht

Lass uns das Sandbett
wenn schwärzeres Blau nächtigt
lass den Silberling Weg dir sein
als flüstert er von immer fernen Lichtern
flimmert ins Aug der große Wagen
lass einsteigen uns reiten den
Nachthimmelschimmel
mit ihm fährt was lebt

Wenn auch Licht dich umglänzt
die Nacht wächst den Dünen gleich
Schicht für Schicht
bis der Morgen verlandet

Möwen schweigen still
Nordwind peitscht Wolken aus
spar dir die Tränen

2014

Ebbe

Das Meer zieht sich zurück in der Ferne
blinken Schaumkronen aufgebrachter Wogen
Bojen für Seemöwen deren weiße Silhouetten
sich im Wasser spiegeln

die Wellen rauschen Gischt ans Ufer
hinterlassen Muschelkämme und Sandbänke
zwischen den Rippeln läuft Strömung aus
sie sammelt sich im Sog kleiner Strudel
Kieselsteine verschwimmen sich im Rückfluss

während ein Habicht am Himmel kreist
tippelt ein Strandläufer hält kurz an
um im Schnelldurchgang übers Watt zu rennen
Strandfischer versetzen ihre Angelruten
an die Flutgrenze

Sonnenanbeter breiten Badetücher aus
Strahlungsfläche weißer Haut
wenn du den Kopf gegen die Windrichtung drehst
dröhnt aufbrausender Wind in den Ohren
Eingecremte werden zu Sandmännchen

Sturmgesänge am Atlantik

1
Das Meer rauscht schwarzzüngig
höhere Luftschichten der Regenfront
saugen gierig Land auf
Raubvögel retten sich

Dünensand fliegt davon
sturmgebeugt legen sich
Strandgräser schützend
über Röhrenwürmer

den lautesten Groll tragen die Fischer
Absinth gestählt mit salzgespülten Augen
in die Hafenkneipen
wo das Seemannsgarn
die Haut zusammenhält
wie Fesseln den Entführten

nirgendwo hält Licht
was es bei Flaute verspricht
Orkane kennen keine Stille

2
Das Meer bauscht braust
tobt am Ufer den Groll
über den Fischverlust aus

Schiffe kentern kieloben
Haie vertreiben Riesenkraken
vom Futterplatz

wer den Wächtern der Naturgewalt
entkommen will
braucht Schwimmhäute
3
Wie Wolkengewäsch
donnert plötzlich Regen
aus dunklen Schatten

Hörst du wie Wellen
an Land schlagen
Gischt über die Brandung peitscht
vor Zorn schäumt

uns trifft die Wut nicht
wir haben das Chalet nicht verlassen
wir halten die Hände übers Feuer
betend zum Himmel
dass der Sturm vorüber zieht

4
Pinien säubern sich von
vertrockneten Nadeln
zerfressenen Kieferzapfen
Wurfgeschossen des Winds

morgens zeigt das Ausgetobte
mildere Zähne
kaut vergangene Stunden wieder
bis wir die Schäden die Unordnung
verdauen beginnen wir langsam
den Schrecken in die Schranken
zu weisen

5
Vogelgezwitscher
ziept aus den Pinienkronen
erster Flugverkehr

Stühle trocknen ab
auf dem Tisch Kaffeegeschirr
Tassengeklapper

wir zollen Respekt
vor des Meeres Wetterzorn
hissen den blauen Peter

LE PAYSAGE ET LA FORÊT DE PIN

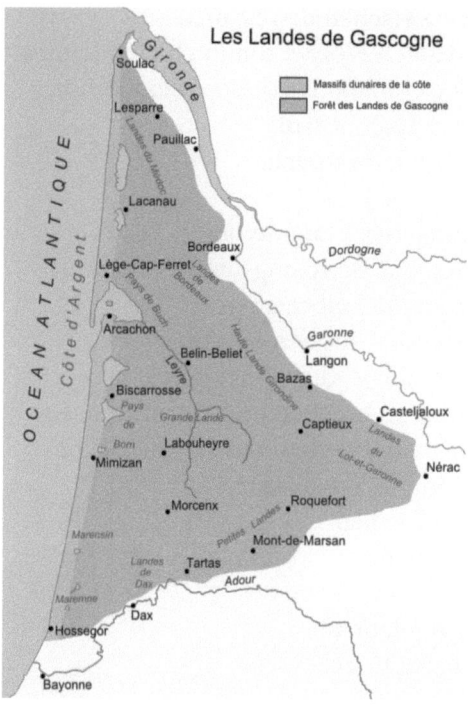

Das Besondere der Silberküste ist neben dem außergewöhnlich schönen Strand der Duft von Kiefern und Pinien. Denn direkt an den Strand grenzt das größte zusammenhängende Waldgebiet Frankreichs und Europas an. Napoleon Bonaparte ließ entlang des atlantischen Ozeans im heutigen Département Les Landes eine Million Hektar Pinien anpflanzen, um die feuchten Sümpfe auszutrocknen, die zuvor die Landschaft prägten. Der Name Les Landes geht auf das gasconische „lana" zurück. Ins Französische übertragen bedeutet es Heide.

Die leise Lichtung

Das Licht streifte die Veranda,
als ein Gecko an braunen Holzpalisaden
Durchschlupf suchte zwischen den Spalten
der Bretter, den schlanken Körper hindurch zu zwängen,
zu verlassen das hohe Gefängnis vor der Häuserfront,
die in hellem Blau den Kolonialstil
vergangener Jahrhunderte besprach.

Auf der leisen Lichtung der Veränderung
stieß sie Entfesselung und Befreiung aus,
um den Sklavenhaltern die Leibeigenen
zu entreißen, zu entsenden auf den Kontinent
freien Atmens und Denkens, die berüchtigte
Peitsche des Aufsehers zu brechen und zu verbrennen,
auszutreiben den Herrenmenschen das Entmenschen.
Der Gecko verschwand in Windeseile
zwischen gefundenen Lücken
der festgenagelten Bohlen.

An seiner Stelle hüpft jetzt ein
aus dem Nest gefallener Vogel.

Nestflüchter

Ein aus dem Nest gefallener Vogel
piepste erbärmlich gegen den Luftsog,
den der Regen des Mittags nach sich gezogen.
Im Flaum des Gefieders zitterten
die zarten Knochen und die kleinen Krallen
des Fußes betrippelten die nasse Welt.

Allein auf dem Holzdach geriet das
sich Sträuben gegen den Fall zum
Todeskampf eines Verstoßenen,
eines nicht aufgebenden Organismus,
der nach Entfaltung strebt und Wachstum.

Die schmierige Spur aus Blättern und
Erde ließ keine Wahl: wollte er nicht stürzen,
so musste er fliegen, der kleine Vogel,
der sein Federkleid nun streckte und schüttelte,
die jungen Fänge zu spannen wie ein Segel.

So gewann er den ungewollten Kampf ums Überleben
und flog hinüber zum herabhängenden Ast
des Baumes, aus dessen Nest er gefallen war.

Sommerfutter

Ein herabhängender Ast einer Pinie
diente einem Eichhörnchen als Fangseil
auf der Suche nach satten Zapfen.

Baumkron' an Baumkron' gestellt
verdichteten die Zweige und Nadeln sich zum Gehäuse.
Unter dem hellen Firnis des Himmels rüttelte
das flinke Geschöpf an den Erträgen des Sommers.
Das Knistern verlor sich in der Höhe der Weite.

Die in eine süße Bläue gehüllte Welt schüttelte sich
und wehrte dem ungebetenen Gast.
Wie ein Blitz sprang weg das braune Pelztier,
hangelte sich von Geäst zu Geäst
und kletterte schließlich, noch hungrig,
am Stamm herab zu Boden.

Dort wühlt es nun in den Blättern,
die sich seiner nicht sträubten.

Kampfflieger

Die sich seiner nicht sträubten beflog des Insekt
und besetzte die Rispen des blühenden Strauchs,
um auszusaugen den Nektar.

Kaum süßgetrunken sauste im Sturzflug
die surrende Libelle mit vibrierenden
farbschönen Flügeln auf das Blütengewächs.

Irritiert unterbrach das Insekt seine Labsal
und schlug martialisch die Fühler nach vorn.
Die Libelle jedoch lies sich nicht beirren
umklammerte das Astrohr und lupfte am Honig.

Zornig summte das vertriebene Insekt seine Helfer herbei,
die das Gesträuch drohend umschwärmten.
Die Libelle beendete das verzückte Kosten.

Gefangen vom verführenden Duft der Pollen
und dem Schwarm der Insekten
verfiel sie in angstvolles Warten.

Im Augenblick des Erschreckens
durchblies ein Windstoß Gehölz und Gewächse
und zerrte erbarmungslos kräftig an Zweigen.
Die so in ihrem Kampf Gestörten
flatterten aufgeregt mit letzter Kraft in die Höhe,
stemmten sich gegen den reißenden Luftsog
und flogen auf und davon.

Mit Glanz und Gloria

Auf und davon aus dem Alltag des Sorgens
reisen die Müden und Erschöpften
mit aufgestapelten Urlaubsträumen
in das innigst geliebte Sommergelöbnis.

In extra für sie sonnendurchfluteten Zimmern
beten sie um Erlösung ihrer Leiden,
damit die Schrunden der Wunden
ihres ganz privaten Lebens wieder abheilen.

Ein Messdiener wartet am Tal der kleinen Wunder
auf die Springprozession der Pilgerschar.
Mit gleicher Liturgie, mit gleichesten Liedern
eröffnen am Abend die hohen Priester
die Messe des Glanzes mit Gloria
in den allerschönsten Farben.

Und sie dienen dem Ganzen
als Teil der Gemeinde, schlucken die heilige Hostie
harter Münzen in sakraler Einigkeit.
Sie opfern ihre Ersparnisse
auf dem Altar der Ferienverordnung
und singen zum Abschluss das Lied der hohen Töne,
die sie hinterher spucken.

Sommer 2003

Morgenröschen

Durch Ginster und Kiefern wob
das Sonnengeflecht
weißgelbe Lichtspuren

trommelte, trillerte, flötete
das Singvögelorchester
welches sich raschen Flugs
in die Weite erhob

am Wolkenrand bebte
die Erde mild gestimmt
atmete auf und duftete
nach Morgenröschen

kein Herz, das jetzt nicht
gewärmt und erstrahlte
versucht vom süßen Klang
himmlischen Wachstums

Die Luft blüht lavendelblau
im wölkchenweißen Horizont
tagversonnener gelber Lockruf

über dem Dach kreisen Lichtsegel
blenden die Nachttür, irritiert
fällt sie ins Schloss

am Morgengrat reibt sich
das Haupt jeglicher Verweigerung

Morgenflüstern

Zartes helles Pusten
Tagwimpern flimmern
und Morgensterne

Dunkeltöne fliehen
Lichtwurz wiegt
den Blauton

Regentage

Des Wolkenmaars fahles Weiß
erdrückt die letzten Facetten
himmlischen Saphirs

Von drängender Schwärze durchgrollt
versiegt meine stille Heimat

Was lässt in der fühlbaren Tiefe ein Ufer

Regentage wie diese benetzen uns
Wasser bricht seine dunkle Bahn

Avalon

Verdorrt die Piniennadeln
die danieder schweben
auf bemoosten Sandboden
von Kieferzapfen umsäumt

Durchsichtiger Nebel
dünstet hinauf zum Waldmond
ruft Feen und weiße Elfen herbei,
die ertanzen in der herbeigeeilten Schneise
eine Anderwelt

Durch das Lichtfeld führt ein Pfad
nach Avalon

9. September 2005

Mittagswald

Lichtstille Schattenlinien
Nadelzweige von Pinien
entlauben taumeln
Kiefern knistern
sprengen zu Boden
Fruchtfall

Verdorrtes knorrt
im Grund nestet Humus
Sperlings Waldläufe
Flügelschläge winden
Lufthauch entsingt

zartes Zirpsen
schwingt im Blaufeld
Wolkentänze
Windkosung
Lichtküsse

Mittagsfeuer

Astgeschoss für Astgeschoss
spreizen Kieferkronen
den Nadelpelz
entflammen Kerzentriebe
im Lichthof
sonnengenau

Harz quillt aus
schwarzen Rinden
tropft ins Fadengrün
auf Blaustrahlhafer
der seine Ähren
über Hungerblümchen wiegt

nach innen
vergrünen Ginsterbüsche
Schutzzone
vor dem Feuerwerk
der Mittagssonne

Angezündet die Silberkerzen
der Kiefer
im aufrechten Ragen
neigen sie sich leicht
der Windrichtung nach

La plage d'océan - Mai 2005

Pinien

Die Kerzen junger Pinientriebe
lodern weiß auf
in der Anbetung des Himmels
fällt das Glitzern
zurück auf das Nadelgewächs
dessen bodenständiges Gegengewicht
der Kiefern nach unten drängt

Dann und wann lösen sie sich ab
stürzen auf den Kalkboden
verhallen im Knistern
des auslösenden Moments
der Mittagsglut Sonnenfeuer brennt
Fußwege frei und Grasschneisen

Zwischen Baumbeständen flackern
gelbe Ginsterblüten verdichten den Blick
auf das undurchdringbare Gehölz
süß duftende Wogen in Stunden
voller Betroffenheit fächelnd

Sperlinge hüpfen im Humus
Flaumpfropfen im Schnabel fliegen
das Abgewehte zurück in die Nester
in die Kronen über denen Licht
seine Zeiger an Windschleifen misst

Lumière solaire - Juni 2006

Früher Morgen

Sonne füßelt
mit Wärmeschritten

Nachtigallen rascheln
Ginsterrispen fächeln

die Griffel der Gräser
greifen ins Blaue

Windfähren ziehen
Lichtketten auf

Sonnensonate

Sonnentand in den Pinien
haftet an Nadelbündeln

wirft ihr Geglitzer
in die Niederungen der Gräser

weißgebleicht biegen sich
Pfriemen der Strohstengel

im Takt der Sonnensonate
stimmen Löwenmäulchen und Schönmalven
zarte Blütentöne an

Dekadenz des Lichts

Taubes Weiß öffnet den Sonnenspalt
flimmert im Pinienwald

Aufhellungen
aus denen der Wind trinkt

berauscht träufelt er Sinnestropfen
in die Augen der Träumenden

Dekadenz des Lichts stiebt die Zeit
über die Flammen am Venushügel

Kusszone der Zeit

Im Sonnenmeer verfängt sich der Wind
behaucht von dionysischen Aromen
atmen wir balsamische Herznoten

in der Kusszone der Zeit
Sonnenblütenstaub
Sinnesschaukel
Glücksseide

Hitzebruch

Hitzebruch der Zypressen
Tauben krächzen

im Harz der Gehölze
knarzen Kieferkolben

den Dunstkreis der Wolken
zacken Lichtblitze

Sonnendonner wirft
grelle Glut

Sturz der Blaufront
Sturm gewirbelt

Sandkörner fliehen
Dünen ducken sich am Küstenrand

Halde der Ewigkeit

Über Stundenstützen
Sonnenflöze im Himmelblau

die Kohle der Sonne
von Wolken abgebaut

im Luftverhau
leert der Regensteiger das Zeitgold

Lichtschutt
für die Halde der Ewigkeit

Sonnenuhr

Straße des Lichts
Sonnenschmelz
brennst dich mir ein
wärmende Schönheit
schickst mir Ikarus
für den Höhenflug

im späten Spelz
flattern Glühwürmchen
um die Sonnenuhr

Leuchtfeuer
für die Landung
der Dunkelheit

Domaine de la Jenny, Le Porge 2009

Dünenwald

Dünenwaldboden
besät von Nadelzweigen
hingestreckt

riechst du das
smaragdene Moos
die samtenen Tücher
Humus verflochten?

winzige Ginstersämlinge zittern
unter dem Wind der Lorbeerbüsche

Seele blau vom Meerhimmel
sehnt sich zurück
immer wieder
zu den Flimmerpunkten
in schräger Weite

die mir aus den Ecken
aus den Kanten der Jahre
verblieben ist

Ein Salamander
läuft über die Terrasse
Vögel im Zwielicht

Lichtbruch

Ausgelaufene Schauer
tropfen von der Traufe
klopfen den Humus ab
der sich vor den Abtragungen
unruhigen Winds
mit Grasfontänen schützt

in die Büsche geduckt
rötet sich das Auge der Dünenrose
klettert ins Blattwerk des Lorbeers
und verströmt sich
in der Farbdeuterei des Regenbogens

glauben muss ich der Brechung des Lichts
die Himmelstönung ist der Farben Aufgang

Stolperfalle

Die flachen Wurzeln der Pinien
krallen sich in den Boden
stemmen Grund und Asphalt auf
ausschlagende ausbreitende Ankerpfosten

krummhackig
knorrig
rundbögig
bodenständig

und doch stolpern wir
über so viel sichtbaren Urwuchs
auf unseren Wanderungen
nach Anderswo

Aufruhr

Schon sinkt das Licht ins Häusermeer
wolkenschweres Wischwasser
schwärzt meinen Blick

aus Kieferkronen fallen
ungezählte Zapfen
klappern ungezähmt
gegen Holzbauten
die Heimat sind und Burg

in naher Entfernung
abgerissen vom Wind
bohren Ginsterschoten
sich in den Humus
treiben Röhren in den Sand
Durchfluss für die von Wolkenschreien
ausgestoßenen Bittertropfen

Böen zerzaust mein Haar
klatscht gegen meine Schläfen
den Aufruhr der Stunde

Morgenglühlicht

Und schneidet den Wald
in Baumreihen entzwei
Schneise für Schneise
Morgenglühlicht

Geschwirr in der Luft
Nestflüchter
suchen Äste ab

Blütenstaub haucht
das Tal sonnenbeherzt fliegt
eine Lerche heim

Lichtspiele

Dann hebt das Nadelwerk
grüngoldenen Glanz:
die Morgenmajestät
ummantelt von Blau
gebietet dem Vogelvolk
Platz zu nehmen
für die Lichtspiele
des Sonnentheaters

in der ersten Reihe:
Lerchen
Nachtigallen
Rauchschwalben

September 2010

Les Landes

Generationen einst zählten
Jahresringe der Pinien
vor Pfahlbauten

im angelandeten Sand
verwuchs Heide die Sümpfe

Fischer enterten die See
mit Fangnetzen
Austernbänken

Muschelschalensplitter
silbern im Sand

Specht und Haselmaus

Ein Buntspecht hämmerte sehr spät
als ob mit Eil es dämmern tät!
Und als er ausgehämmert hatte,
erhaschte eine Maus die Latte,
die ihm vor lauter Eil entfiel.

Die Maus kam unverhofft zum Ziel.
Schon länger suchte sie ein Brett,
als Unterlage für ein Bett,
um sich darauf gut auszuruhn,
denn eine Maus hat viel zu tun!

Als sich der Specht so recht besann,
dass er das Brett doch brauchen kann,
gab jene Maus es nicht mehr her,
verhöhnte ihn mit Spott so sehr,
dass dieser an die Höhle flog
und Kleinzeug hackte, doch nur grob.

Es regnete von oben Brocken,
darüber sich die Maus erschrocken.
Sie huschte ab unters Gebüsch,
verscharrte sich im Blätterplüsch.
Und die Moral von der Geschicht':
Bauklötze klauben lohnt sich nicht!

Das Eichhörnchen

Ein Eichhörnchen im Kiefernwald
am Baumstamm tief sich festgekrallt.
Mit flinken Sprüngen im Geäst
schwang es hinauf zum Erntefest,

sah nicht nach links, sah nicht nach rechts,
hörte auch nicht das Kra-Gekrächz,
das ebenfalls zum Abendessen
sich in der Pinie eingesessen.

Es knackte laut, es knackte leis,
das Sammeln kostete viel Schweiß,
der schließlich auf den Boden tropfte,
auf eines Finkes Federn klopfte.
Verärgert der nach oben feixte,
wo jener Räuber Äste spreizte.

Als ihn der Fink entdeckte
Geschrei Eichhörnchen schreckte
dass es vom Baum hinuntersprang.
Aus war es mit dem Rabenfang.

Herbstspende

Eichelzeit
Septemberlaute fachen dich an
Windhände
drehten den Ring
aufs fingrige Blatt

Rehe auf dem Sprung
dicht im Gebüsch
Gedräng der Ricken und Kitze

ach du mein Septemberlaut
kling mir vor Blätterrauschen
Taugeschmack

all die Waldfrüchte die des Lorbeers
Tollkirschen, Vogelbeeren auch

des Tals Röte
Sonnenfluten
lichten mich ein
mit blauen Stunden
weißem Wolkengelock

Rosen spenden
Hagebuttentee

Verirrt

Rehkitze im Zierschritt
im versengten Ginster

sonnenvergreist

ach zähle die Rotflecken
der Außenhaut

zu jung um zu irren

gib ihnen das Muttertier
zurück im Kiefernwald

bevor sie anderen
zum Opfer fallen

Mai 2015

Dämmerung

Am Abend brabbeln Motordüsen
das Sportflugzeugs unter den Wolken
Auflösungszeichen der Stille blauer Stunden
im glitzernden Sonnenfunk

im Schatten der Pinie huscht ein Pelztier
den Stamm entlang springt im Labyrinth der Zweige
mit der leichten Brise hin und her

am Himmel fließt alles ineinander
das Rot das Gold das Grün
die scharfen Spitzen des Nadellaubs stechen
weiße Punkte in alles was untergeht

die Doppelpunkte der Kugellampen fallen
noch lichtscheu als Kreise und Linien
auf schmale Wege

das Auge ahnt die Richtung der Ferne
die unablässig die Nähe der Gegenstände
ins Dunkel drängt

der Blick fällt zurück auf das Farbenspiel
das im hohlen Schlund des Horizonts verschwimmt

Blitzbesuch

Er trat aus dem Dickicht zwischen Lorbeer Bambus Zypressen watschelte wie eine Ente im Humus von einem Halm zum nächsten bis er die Flügel ausbreitete und in die Höhe flog

seinen gelben Bauch teilte eine dunkle Linie den Kopf hellten am Schnabel weiße Federn die Augen umrahmt von schwarzen Kreisen eine Kohlmeise klein und flink so schien es

ihr stechender Blick war auf Samen in den Kröpfen der Kieferzapfen aus er krallte sich ins gebrechliche Gezweig balancierte wie ein Tänzer hackte pickte

die Wolken schoben sich zusammen zogen dunkle Schleppen hinter sich her die über den Boden streiften und hängenblieben

jetzt schossen Hagelschlossen durch den Luftraum zwirbelten im Geäst das wild umherfuchtelte um die kalten Körner wieder abzuschütteln

die Schwerkraft kippte den Vogelkörper er hing kopfunter an den zarten Zweigen die sich bedenklich in die Tiefe neigten er rutschte ab prallte auf den Moosteppich

Sekunden später richtete er sich wieder auf watschelte nun leicht benommen auf dem glitschigen Boden ins Dickicht zurück

Mai 2016

Geheime Botschaften

die Hügel langjährig von Ginster überblüht,
die Täler abgeholzt entlang der holprigen Straße,
die sich ans Meer hindehnt hoch in die Dünen.

Dort, wo das Wildschwein hinter Zäunen
auf die Dämmerung lauert,
späht das Reh nach den Früchten des Lorbeers.

Wenn der Wind nachlässt und der Regen eingedrungen
in den Grund, fliegt die Taube durchsichtige Botschaften
von Ast zu Ast.
Sammle die Feder, die sie im Flug verlor,
um das Geheimnis der Freiheit zu ergründen,
auch wenn du sie nicht finden kannst
in den Baumkronen oder im Verborgenen.

Nahe dem Waldgeist, der Undine bewacht
und das Schilf an die Wurzelstöcke bindet,
das wollige Bett in den Kolben kämmt,
folge der Flöte der Nachtigall,
die dein Herz fängt mit dem Spiel der Sehnsucht,
das sie ersingt.

Bestaune die Kühnheit der Rose
die im Schatten der Kiefer sich aufblättert,
fuchsienrot, duftvoll, umrankt von unzähligen Dornen.

BASSIN D'ARCACHON

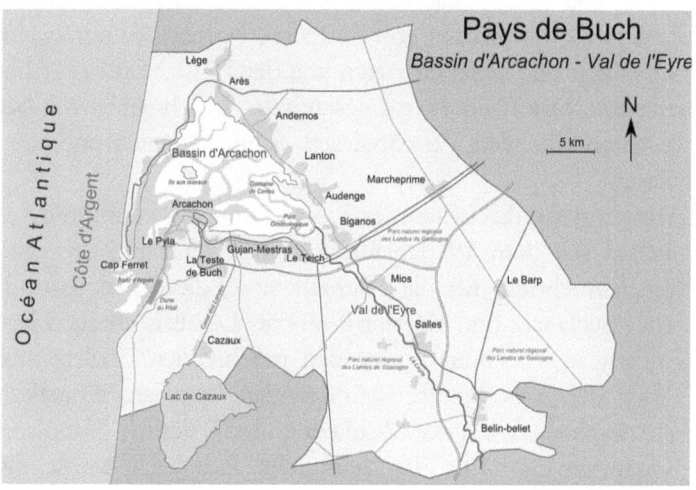

Im Département Gironde liegt das Becken von Arcachon, ein Binnenmeer, das sich zweimal täglich im Rhythmus der Gezeiten füllt und leert. Entlang des Beckens liegen malerische Fischerdörfer, die seit Jahrhunderten Austern züchten. Das Vogelschutzgebiet von Le Teich, die Vogelinsel mit den auf Pfählen gebauten Hütten und die Düne du Pilat mit einer Höhe von etwa 115 Metern und 2,7 Kilometern Länge in La Teste du Buch, die Banc d'Arguin, eine Sandbank inmitten der Bucht von Arcachon, sind die Sehenswürdigkeiten der Region.
Direkt gegenüber auf dem südlichsten Punkt der Nehrung der Halbinsel Lège-Cap Ferret liegt der Ort Cap Ferret. Das Fischerdorf verdankt seinen Namen den Eisenspuren, einem Anflug von Rost auf dem Ufer. Die Gascogner nannten es Cap Herré, was eiserne Spitze bedeutet. Am Delta der Leyre, das 3000 Hektar Fläche umfasst, mischen sich Salz- und Süßwasser. Dort ist das Vogelschutzgebiet, der Parc Ornithologique du Teich, der 260 Vogelarten wie der Brandsee-

schwalbe, dem Seidenreiher und dem Austernfischer als Nist- und Brutplatz, als Winterquartier oder Ruhezone dient. Tausende von Zugvögeln halten dort Rast oder überwintern. Eine große Population von Störchen, Reihern, Entenvögeln, Schwänen und seltenen Arten wie der Löffler sind dort beheimatet. Das Delta ist ein geschütztes Feuchtgebiet mit bewaldeten Sümpfen, Feuchtwiesen, Schilf, Lagunen und Salzwiesen.

Arcachon ist die bekannteste Stadt und ein renommiertes Seebad seit dem 19. Jahrhundert. 1823 entstand die erste Hoteleinrichtung für die Klimatherapie, die der normannischer Seefahrer und Kapitän François Legallais erbauen lies. Entlang des Seeufers entstanden prachtvollen Chalets und Villen der Aristokraten, vermögenden Familien, Künstlern und angesehenen Persönlichkeiten. 1857 verlieh Napoleon Bonaparte dem Ort das Stadtrecht. Zeitgleich wurde die Bahnlinie zwischen Bordeaux und La Teste du Buch bis Arcachon verlängert. Emile und Isaac Péreire, reiche Bankiers und Hauptteilhaber der Eisenbahngesellschaft des Midi, kauften den Besitz der Eisenbahngesellschaft mit dem Waldgebiet auf und gründeten die höher gelegene Winterstadt. 96 individuell gestaltete Villen wurden zum Sanatorium für Lungenkranke. Aus dem beschaulichen Fischerort am Bassin d'Arcachon wurde ein edles Seebad, in dem auch Kaiser Napoleon III. Station machte ebenso wie der europäische Adel und das Großbürgertum. Längst war die Lungenkrankheit nicht mehr der Grund für den Aufenthalt. Man wollte sich vor allem amüsieren. 1863 entstanden die Avenues und Straßen, das Casino und Villen in der Sandlandschaft. Tuberkulosekranke tranken weiterhin viermal täglich heiße Schokolade mit Kiefernharzsirup. Mit der Entdeckung des Penicillins in der ersten Hälfte des 20. Jahrhunderts verlor der Badeort für das mondäne Publikum seine Attraktivität. Die Winterstadt steht heute unter Denkmalschutz.

Sommer 1995

Ausfahrt

Aquitanische Dörfer im Küstenklima
röcheln entlang des Bassin d'Arcachon.
Klapprige Straßen zerteilen die Landschaft.

Zwischen Lauros und Cap Ferret
surren die Wagen in fiebriger Hitze.
Händler reiben sich Hände und Augen,
berechnen die Störung, den Staub der Chalets.

Der Fischpreis ist günstig.
Stecknadelbesteck für moules petits
mit preislosem Wasser und frischem Baguette.

Rückfahrten sind schneller.
Namen der Häuser hängen an Schildern,
gleißend fällt Blau in Pinienwälder.
Brücken werden schmäler.

Sommer 2010

Arcachon

Und laut und leis strömt stetig an die Banden
das Binnenmeer, das aller Zeit, getrost
den Dünen, Gras bewährt und grün bemoost
die Wälder, durch Bonaparte entstanden,

ein Neues abgerungen, zu verlanden,
was unentwegt sich ändert, Schaum umtost
in wilden Wassermassen, Wind behost.
Nur Vögelzüge Jahr für Jahr dort stranden,

wo Legallais Hotels gebaut ans Watt
fürs Seelenheil. Die Pracht der Sommerstadt
begründeten die Villen und Chalets,

die solchem Strömen heute sich ergeben,
das Fülle bringt, lautes und leises Leben,
gehüllt in duftend blühende Bouquets.

Arès 2010

Schiffbruch

Die Dünung fängt, was raues wildes Wasser
noch übrig ließ: die angeschwemmten Muscheln,
im Tang verfangne Quallen, die noch nuscheln
im Verrotten berstenden Gebälks. Erblasser

des Schiffbruchs sanken mit, Stürme grasser
verbliebner Schäden, ungeschöntes Tuscheln
der Fischerfrauen, alte Träume wuscheln
in wirren Köpfen der Erinnerung blasser.

Sie wirren ungeklärt, der Zukunft ungewiss,
ein schroffer Fels, der manches schon zerriss
wie Segeltücher, angespannt im Wind.

In ihren Augen spiegelt sich ein Kind,
das unbedingtem Glauben sich verschrieb,
an fest gefügten Bildern sich zerrieb.

Cap Ferret

Wellendrift wirft Muschelketten
auf die rostige Spitze der Nehrung
unterm Überflug ausschwärmender Brandseeschwalben
spreizen Sandbänke vom Meersog
aufgeschobene Flutlinien

im Seegras hacken orangerote Schnäbel
staken Austernfischer auf Futtersuche
blaue Stranddisteln stacheln
in den vom Wind herübergewehten Landgang

an der Brandungszone atlantischer Gezeiten
quellen im Quarzsand Feuerqallen
Röhrenwürmer krümmen sich

September 2010
Parc Ornithologique du Teich, Bassin d'Arcachon

L'île aux oiseaux

Von allen Seiten sieht man, wie zwei Hütten
auf Pfählen über Wasser triumphieren,
in welches die Kanäle sich verlieren
und Meeresvögel. Wellen sich entschütten

und branden, welche üppig wie aus Bütten
aufgefüllt mit Fischen, Schalentieren,
die Austernbänke ständig inspizieren,
sich überschlagen, wieder überschütten,

sich unterspülen, als wären sie geworfen
von langer Hand, den Boden zu entschorfen:
aus Fluten steigt's und lagert sich an Stränden,

als wären unsichtbar sie angetrieben,
von alten Zaubersprüchen wundgerieben,
den Überfall der Fischer zu beenden.

Vogelstrand

Ein Ziepen, Piepen, grelles Wiepen
ein Schnattern, Rattern, helles Knattern
ein Schwirren, Wirren, dumpfes Sirren
ein Huschen, Wuscheln, dunkles Kruscheln
ein Schnalzen, Balzen, Wasserwalzen
ein raues Krähen und Krakeelen
ich will es länger nicht verhehlen
am wilden Wasser flach versandt
im Vogelland bin ich gestrandet

Wenn die wilden Schwäne tanzen
musst du dich im Schilf verschanzen

Im See aus Jade
zieht ein Schwan Spiegelspuren
Geständnis des Lichts

Flügel bauschen sich
im Licht des Sonnenwindes
tanzende Schwäne

Am Delta der Leyre

Im feuchten Nebel am Delta der Leyre
liegen seltsam unberührt
aus Eichen gebrochene Äste
Wasserarme reichen sich brackige Hände
zum Beschluss

befriedete Uferzone hälst deine Schwäne
wie weiße Wimpel in den Salzwind
Störche auf Wachtürmen klappern Alarm
wenn ein Schwarm Fotografen blitzt

Flusskrebse am Wegesrand
nach Unbelehrbaren schnappen
Störenfrieden natürlicher Ordnung
Feldmäuse schleichen davon

kopfüber Enten sich scharen im Tauchgang
suchen mit Fischaugen die Strömung ab
auf Pfählen stecken Seevögel
die Schnäbel ins Gefieder

einst waren sie Zielscheiben
in Jahren die nicht wiederkommen

Im Vogelpark von Le Teich

Von vorne hört man's klappern, krähen, kreischen,
das in der Stille um so klarer klirrt,
wie wenn Gespenster, in der Zeit geirrt,
nun sichtbar um die Wasserflächen schleichen,

um Hecken, dunkle Höhlen zu erreichen,
sich aus dem Licht die Dunkelheit entwirrt,
kein Schmetterling ihnen entgegenschwirrt,
dem sie, die Tarnung wahrend, müssen weichen.

Doch schleichst du selbst auf Vogelkundlers Fluren,
versinkst du haltlos in Entdeckerspuren
wie ein Gespenst, das aus der Zeit sich denkt,

sich heimlich an den Aussichtsplatz hinrenkt
willst unverstellt das ungestörte Treiben
der Vogelwelt ganz nah dir einverleiben.

Vogeldemokratie

Von unten fällt der Blick auf hohe Bäume,
die ein Gezweiggewirre auf sich tragen,
aus welchem rote Stelzen aufrecht ragen,
die scheinbar wachsen in die blauen Räume.

Auf Gräsermatten tritt, auf Federfläume
die Storchenmajestät mit hohem Kragen.
Mit starken weiten Schwingen ohne Zagen
sie auf Gewässern aufschlägt weiße Schäume,

wo sie mit ihren langen Schnäbeln klappern,
mit ihresgleichen ausgelassen plappern.
Ein kleiner Buchfink plötzlich sich es wagt

und lauthals seine liebe Ruh einklagt
im Vogelpark. Schließlich sei es demokratisch,
dass Kleinvolk mitspricht, meinte er sokratisch.

Die Vogelmajestät

„Herr Adebar, Herr Adebar,
vor Ihrer Nase tanzt ein Star.
Er will mit Nachtigallen, Finken,
vom Siegertreppchen hüpfend winken."

„Herr Kuckuck, macht Euch keinen Kopf.
Zum Singen fehlt im doch der Kropf.
Zum Fliegen fehlt der Rückenwind.
Nie wird er so wie ich geschwind
als erster dieses Ziel erreichen.
Dem wahren Sieger wird er weichen."

„Herr Adebar, Herr Adebar,
zum Sturz die kleine Vogelschar
hat hier lange schon aufgerufen,
den Wind die vielen Flügel schufen."

„Herr Kuckuck, niemand weiß wie Ihr,
ein Star ist doch kein Königstier.
Es mangelt ihm an Orientierung.
Drum braucht er auch von allen Führung.
Doch wer schon führt, der will auch siegen
und sich im eignen Glanze wiegen."

„Herr Adebar, Herr Adebar,
vielleicht ist Ihnen noch nicht klar
von Dächern pfeifen es die Spatzen,
an Ihrem Thron will jeder kratzen."

„Ach was, Herr Kuckuck, dummes Zeug,
dass ich mich kleinen Vögeln beug.
Ein Storch sitzt immer auf dem Thron,
wie vor mir Generationen schon.
Wenn es auch jedem nicht gefällt,
wer fliegt wie ich, regiert die Welt!"
„Herr Adebar, Herr Adebar,
die Adler trafen sich sogar,
um sich mit allen zu verständigen,
der Aufstand ist nicht mehr zu bändigen!!"

„Zum Kuckuck, nun ist's aber gut!!!
Am End verlässt Ihn noch der Mut.
Flieg Er voran und richte mir
das Storchenführungshauptquartier."

Doch plötzlich zog mit viel Geschrei
das bunt gemischte Volk vorbei.
„Hurra", schrie es aus allen Kehlen,
„der Storch wird heut sein Ziel verfehlen.
Der Kuckuck hat ein Ei gelegt.
Doch er hat es hinweggefegt.
Das weiß doch schließlich jedes Kind,
wer Flügel hat, den trägt der Wind."

Kraniche fliegen

Kraniche fliegen, Kraniche fliegen,
sie lassen die Sommerquartiere liegen;
plaudern am Himmel, rufen, trompeten,
die Route gezeichnet von inn'ren Magneten.

Kraniche fliegen, Kraniche fliegen,
die Flugkörper sich im Fahrtenwind wiegen,
ziehen in Formationen Strecken,
rasten auf Feldern, Mündungsbecken.

Kraniche fliegen, Kraniche fliegen,
sieh, wie sie sich durch Unwetter biegen,
durch Regen drängen, Sturm und Gebraus,
auf dem Weg ins Überwinterungszuhaus.

Kraniche fliegen, Kraniche fliegen,
im Flug sie sich aneinanderschmiegen,
segeln gemeinsam zur Sonne voran
durch Höhen und Tiefen, wie ein Mensch es nie kann.

Im Flügelwind

Auf Sammelplätzen
Kuckucksrufe Zeisige
treffen sich wieder

Kreischende Krähen
schwärmen in Ackerfurchen
Sperber spähen aus

Kleinvögel huschen
in Hecken Vogeltruppen
im Winterquartier

Baumkronenlaute
Konferenz der Zugvögel
wirres Luftgespräch

Laute Flugschatten
Blassgänse schnattern am Turm
Grußworte im Wind

Kormoranenzug
Flügel schlagen Aufwind im
Herbst Kiebitze fliehn

Kraniche rauschen
Peterberg im Flügelwind
Flugrast gen Süden

Vogelsitzung

Hörst du den Zilpzalp
hörst du den Kuckuck
hörst du die Tauben

die Versammlung der Vögel
thront in den Kronen der Seekiefer
auf der Tagesordnung:
Windzeichen
Landstriche
Flugstärken

Im See aus Jade
zieht ein Schwan Spiegelspuren
Geständnis des Lichts

Arès, Avenue de la libération, 23.03.13

Grain de sable

Sand aus Djerba
Sand aus Sidney
Sand aus den Wüsten der Welt

steht sorgfältig beschriftet
in Regalen über der Anrichte
Salzstreuer der Erde
Gewürzmühlen der Zeit

Elefanten reiten vom Treppenvorsprung
auf Schränke mit Vorhängen
Leinengewänder und Strohhüte
hängen an der Wand
Safari in Feldbetten

Möbel gezimmert aus Latten
Tischdecken aus Packpapier
daneben eine Wasserpfeife

wo bin ich gewesen
in einer einzigen Nacht

unter Sternenzinnober
am Lagergeloder
Kontinente erforscht

es war nur
eine Hotelnacht
im „Grain de sable"

Sturmwarnung

Weh dir Arès
wenn alle Fische
trocken geworfen im Watt
aufgesammelt in Eimern
flutet leeres Wasser
Algen und Meeresreste
an das Küstendreieck

dann bau die Kanone zurück
werfe die Fischernetze
über die Dächer
um dem Sturm standzuhalten
der losbricht

Arès

Gelbdunst
strandlinienförmig
Strandhafer und Seegras
Salzwiese Distel beblüht

ernte nicht im Getreide der Tide
Krebszangen lungern schon

Küstenkonzert

Aus der Höhe Kuckucksrufe
von roter Pinienkrone abgeflogen
Laubengespräche in Nadelbündeln
ein Reh scheut sich nicht

Wellenrauschen aus der Ferne
bäumt sich auf
fällt ab zieht sich zurück
um mit rollendem Tosen
wieder anzulanden

eine Taube fliegt still heran
lauscht im schwingenden Geäst
um das Küstenkonzert nicht zu stören
ich lausche mit

Quallengang

Quallen lallen im Sand
wo sie ein Urlauber fand
herausgespült aus dem Meer
wabert ihr Gel giftig sehr
um doch noch 'nen Fuß zu fangen
sie auf den Urlauber sprangen
der fuchtelte wild umher
sprang aufgeregt in das Meer
wo sich die Qualle entband
und hurtig im Wasser verschwand

Inhalt

ALSACE-CHAMPAGNE-ARDENNE-LORRAINE   5

AUF DER RUE NATIONALE	6
IM NIEDTAL	8
UNTERWEGS AUF DER D 984	9
MAITAG AM LAC DU DER	10
FRÜHLINGSFEST	11
BRIENNE-LE-CHATEAU	12
KARFREITAG IN DER CHAMPAGNE-ARDENNE	13
FRÜHLING IN BURGUND	14

ÎLE-DE-FRANCE – PAYS DE LA LOIRE   15

MARCHÉ AUX PUCES	16
GARE DU NORD	17
BOULEVARD ORNANO	18
AUF DEN BOULEVARDS	19
BOIS DE BOULOGNE	20
EROTISCHER NACHMITTAG	21
PARIS EN MAGIE	22
PARIS IM ZAUBER	23
LE CHANT DES VILLES	24
DAS LIED DER STÄDTE	25
SCHLOSSPARK	26
OSTWIND	27
SCHLOSSGEISTER	28
GESELLSCHAFTSZIMMER	29
ENTRÉE	30
DINER AUX CANDÉLABRES	30

CENTRE-VAL DE LOIRE -- AQUITAINE-LIMOUSIN-POITOU-CHARENTES   31

REISE NACH AQUITANIEN	32
INDRE IM VORFRÜHLING	34
INDRE IM ERSTFRÜHLING	35
INDRE IM SEPTEMBER	36
DIE HÄNGENDEN HOLUNDERBÜSCHE DES PÉRIGORD	37

CHAMPAGNE BERRICHONNE	38
FRÜHNEBEL IN DER TOURAINE	39
APRIL IN DER BRENNE	40
SEPTEMBERMORGEN IN DER BRENNE	41
AUF DEM WEG NACH COGNAC	42
LAND DER TAUSEND TEICHE	43
POITOU-CHARENTE	44

DÉPARTEMENTS GIRONDE 45

LA JENNY	46
EN VACANCE	47
ATLANTISCHER SOMMER, SPIELERISCH LEICHT	50
L'AMOUR DE L'ANNÉE	52
LA-JENNY.FR	53
ATLANTIS	54
GLEICHE ENDEN	55
MEERESALABASTER	56
LETZTER VERSUCH	56
SOMMERDRACHEN	57
SOMMERABSCHIED	57
FINALE ORIENTIERUNG	58
NÄCHTE DES LICHTS	59
EIN SOMMERSPIEL	60
JAHRE IN LA JENNY	61
NACHTMUSIK	62
LACANAU-OCÉAN	63
DIE UNENDLICHKEIT DER EBENE	64

CÔTE D'ARGENT 65

MEERBLICKE	66
RHAPSODIE IN BLUE	67
GEWÖHNLICHER VERLUST	70
TOURISMUS	71
DER GUTE WIND	72
DIE LANGSAMKEIT	73
ENDE DES TRAUMS	74
VERSCHIEBUNG	75
SCHÄUMTE DAS MEER	76

AUF WOLKEN	76
RAUCH AM HIMMEL	76
EBBE ÜBERALL	76
GRENZÖFFNUNG	77
MEERUFER	78
MEERLUFT	79
MEERSAND	80
WOLKENFUGE	81
LICHTFIEBER	82
MEERESDÄMMERUNG	83
WOLKENBRUCH	84
HIMMELSSTÜRME	85
MÖWEN SCHWEIGEN STILL	86
ALLERLEI DONNER	86
BLITZJAGD IM BLAUEN	86
TIEF VERBORGEN FLIEßT	86
STURMSCHÄDEN	87
AUFRUHR	88
HUNGERSTURM	89
SEEMANNSGARN	90
GRABGESANG	90
EINMAL WERDEN WIR SEIN	91
DU BIST WIE DAS MEER	91
LASS UNS WANDERN	91
LOS DER ZIKADEN	92
UNTERSCHLUPF	93
STRANDGANG	93
SALZDAMPF KOCHT DEN DÜNENSAND	94
WAS BLEIBT	94
WASSER SCHÖPFST DU AUS	95
DU BIST WIE DAS MEER	95
TIEF VERBORGEN FLIEßT	95
AM FLUTSAUM	96
SALZ	99
STRÖMUNGEN	100
SPRITZTOUR	101
FLUT	102
WINDSTILLE	103
DÜNENSAND	104

SEEMANNSKRAUT	105
IM NEBEL	106
SOMMERGEWITTER	107
HITZE	108
SOMMER	109
MONDNACHT	110
WENN AUCH LICHT DICH UMGLÄNZT	110
MÖWEN SCHWEIGEN STILL	110
EBBE	111
STURMGESÄNGE AM ATLANTIK	112

LE PAYSAGE ET LA FORÊT DE PIN — **115**

DIE LEISE LICHTUNG	116
NESTFLÜCHTER	117
SOMMERFUTTER	118
KAMPFFLIEGER	119
MIT GLANZ UND GLORIA	120
MORGENRÖSCHEN	121
DIE LUFT BLÜHT LAVENDELBLAU	122
MORGENFLÜSTERN	122
REGENTAGE	123
AVALON	123
MITTAGSWALD	124
MITTAGSFEUER	125
ANGEZÜNDET DIE SILBERKERZEN	125
PINIEN	126
FRÜHER MORGEN	127
SONNENSONATE	127
DEKADENZ DES LICHTS	128
KUSSZONE DER ZEIT	128
HITZEBRUCH	129
HALDE DER EWIGKEIT	130
SONNENUHR	130
DÜNENWALD	131
EIN SALAMANDER	131
LICHTBRUCH	132
STOLPERFALLE	132
AUFRUHR	133
MORGENGLÜHLICHT	134

LICHTSPIELE	134
LES LANDES	135
SPECHT UND HASELMAUS	136
DAS EICHHÖRNCHEN	137
HERBSTSPENDE	138
VERIRRT	139
DÄMMERUNG	140
BLITZBESUCH	141
GEHEIME BOTSCHAFTEN	142

BASSIN D'ARCACHON 143

AUSFAHRT	145
ARCACHON	146
SCHIFFBRUCH	147
CAP FERRET	148
L'ÎLE AUX OISEAUX	149
VOGELSTRAND	150
WENN DIE WILDEN SCHWÄNE TANZEN	150
IM SEE AUS JADE	150
FLÜGEL BAUSCHEN SICH	150
AM DELTA DER LEYRE	151
IM VOGELPARK VON LE TEICH	152
VOGELDEMOKRATIE	153
DIE VOGELMAJESTÄT	154
KRANICHE FLIEGEN	156
IM FLÜGELWIND	157
VOGELSITZUNG	158
IM SEE AUS JADE	158
GRAIN DE SABLE	159
STURMWARNUNG	160
ARÈS	160
KÜSTENKONZERT	161
QUALLENGANG	161

BÜCHER VON VERA HEWENER 167

BÜCHER VON VERA HEWENER

Vermisstenanzeige. Gewidmet den ermordeten Juden des Naziregimes. Lyrik und Prosa. Libri BoD. Norderstedt 2000. ISBN 3-8311-0748-3. 2. erw. Auflage 2014. ISBN 978-3831107483.

Lichtflut. Reisenotizen. Lyrik und Prosa. Edition Calamus. Norderstedt 2001. ISBN 3-8311-1493-5. 2. erw. Auflage 2014. Verlag BoD Books on Demand. ISBN 987-3831114931.

Eine Neigung aus Blau. Gegenwartslyrik. Norderstedt 2002. ISBN 3.8311-3334-4. 2. Auflage 2014. Verlag BoD Books on Demand. ISBN 9783831133345

Bist Himmel mir und tausend Feuerfunken. Gedichte. Mauer Verlag. Rottenburg a/N. 2003. ISBN 3-937008-46-2.

Verwirbelungen der Zeit. Lyrik mit Bildern von Carolin Isele. WiKu Éditions Paris E.U.R.L. Paris und WiKu Verlag KG Berlin 2005. ISBN 3-86553-203-9.

Es kommen andere Ewigkeiten. Gedichte. WiKu Édition Paris ISBN 2-84976-018-8 WiKu Verlag 2007. ISBN 978-3-86553-189-6.

Himmelsstürme. Gedichte mit Fotografien. edition Wort Verlag Bitburg 2010. ISBN 978-3-936554-00-3.

Das Jahr: Dichtung in vier Sätzen. Gedichte mit Fotografien. BoD Books on Demand Norderstedt 2013. ISBN 978-3-7322-3168-3.

Zaubervolle Winterwelt. Gedichte, Geschichten, Notizen. Verlag BoD Books on Demand. Norderstedt 2014. ISBN 9783735761262.

Frühlingsserenade. Die schönsten Gedichte, Geschichten und Notizen zur Frühlingszeit. Verlag BoD Books on Demand. Norderstedt 2015. ISBN 978-3-7347-3140-2.

Die Blüte des Sommers. Sommeranthologie. Die schönsten Gedichte, Geschichten und Kalendernotizen. Verlag BoD Books on Demand. Norderstedt 2015. ISBN 978-3-7347-89540.

In der Saar schwimmen keine Krokodile. Gegenwartslyrik & Texte. Verlag BoD Books on Demand. Norderstedt 2015. ISBN 9783738635676